U0142339

茶葉食農教育參考教案手冊

 農業部茶及飲料作物改良場／編著

五南圖書出版公司 印行

　　大家好，出版「茶葉食農教育參考教案手冊（113 年國小組）」主要目的在於推廣正確臺灣茶葉知識進入教學課程，並作為教師進行茶葉食農教學示範之參考，以提升學生對茶葉相關文化及知識教育的學習。

　　農業部茶及飲料作物改良場（簡稱茶改場）推動「113 年度茶葉食農教育教案徵件計畫」，旨在結合三面六向的食農教育理念，包括農業生產與環境、飲食健康與消費、飲食生活與文化，以提升學生對於食物來源、環境永續、文化傳承等方面的認識。得獎教案展現出如何將這些概念融合進課程中，讓學生在實作中深刻學習，並實現知識的有效傳遞與應用。

　　本次徵選教案，經過嚴格的評選程序，依據「創意性」、「知識性」及「實用性」等標準進行評審，教案涵蓋從國小低中高年級，充分展現教師們在教學中的創新與結合課綱之知能，其特點包括：（一）多學科融合的教學設計；（二）實作體驗與生活應用的結合；（三）環境永續與文化傳承的融合；（四）教師示範與教學資源的創新；（五）與現行教育課綱的無縫銜接。

　　最後感謝全臺各學校教師參與支持，由於大家的點滴付出與共同努力，有助於擴大推廣茶葉食農教育，並深耕及培養學生對於臺灣茶文化的認識與熱愛。

農業部茶及飲料作物改良場 場長

蘇宗振 謹識

中華民國 113 年 8 月

目錄 | CONTENTS

序   III

教案 **1** 蜜香美人抹茶飄香【低年級 / 生活課程】   1

教案 **2** 慕「茗」而來～臺茶風 瘋臺茶
【中年級 / 社會課程】   9

教案 **3** 藝起體驗 覺茶人生【中年級 / 綜合課】   27

教案 **4** 「溪」有茶香【高年級 / 彈性課程】   33

教案 **5** 一縷茶香 百年繚繞【高年級 / 跨域課程】   49

教案 **6** 臺灣茶文化探索：從歷史到永續
【高年級／社會課程】 　　59

教案 **7** 臺灣茶葉【高年級／社會課程】 　　67

教案 **8** 「茶事」春秋【高年級／健康與體育課程】 　77

教案 **9** 客茶時間【高年級／綜合課程】 　　91

教案 **10** 希望、堅持、感動、簡單的幸福
【低中高年級／彈性課程】 　　97

蜜香美人抹茶飄香

藍淑英　臺北市立雙蓮國民小學

（一）教學設計理念

　　學校鄰近大稻埕，課程結合在地文化，我們強調「親手做」的體驗教育，讓學生經由親自參觀茶行，了解茶葉製作的過程，並種植茶樹，認識茶樹並了解茶樹生長的過程，最後讓學生透過聞茶、品茶、觀茶，進一步認識茶之美，了解茶葉對身體的影響，培養學生對茶農和環境的尊重與感恩，對大稻埕這塊土地與歷史產生深刻的情感。

（二）教學活動設計

實施領域		生活	實施年級	低年級	教學節次	共 3 節
設計依據						
學習重點	學習表現	生活 2-I-1 以感官和知覺探索生活中的人、事、物，覺察事 物及環境的特性。 生活 4-I-1 利用各種生活的媒介與素材進行表現與創作，喚起豐富的想像力。	核心素養		【A2 系統思考與解決問題】 生活 E-A2 學習各種探究人、事、物的方法並理解探究後所獲得的道理，增進系統思考與解決問題的能力。	
	學習內容	生活 A-I-2 事物變化現象的觀察。 生活 C-I-5 知識與方法的運用、組合與創新。				
議題融入	所融入食農教育之概念面項與學習內涵	三面	■農業生產與環境	■飲食健康與消費	■飲食生活與文化	
		六項	■農業生產與安全	□飲食與健康	■飲食文化	
			■農業與環境	□飲食消費與生活型態	□飲食習慣	
		茶葉相關面向	■產	■製	□銷	
			□藝			
		食 E1. 瞭解家鄉農業發展的歷史，認識家鄉的自然環境特色（土壤、水源、天氣等自然條件）與在地農業生產的關聯。 食 E4. 瞭解農業對環境保護及永續發展的價值與重要性。 食 E15. 參與體驗活動、認識家鄉飲食文化，瞭解飲食文化傳承的意義，欣賞與尊重多元飲食文化。				
與其他領域 / 科目的連結		學習表現 ● 生活課程—樂於學習 生 3-I-3 體會學習的樂趣和成就感，主動學習新的事物。				

與其他領域／科目的連結	• 本土語─聆聽 本土語文（閩南語文）1-I-2 能聽懂日常生活中閩南語語句。 本土語文（客家語文）1-I-3 能透過視聽媒材認識日常生活的客家語詞。 學習內容 • 國語文（三）文化內涵 國語文 Ca-I-1 各類文本中與日常生活相關的文化內涵。	
學生學習條件分析	1. 學生親自參觀茶行，了解茶葉製作的過程 2. 學生種植茶樹，認識茶樹並了解茶樹生長的過程	
教學前準備	教師準備： 蜜香美人抹茶飄香學習單 投影設備、東方美人茶、蜜香紅茶、抹茶醬（抹茶粉、煉乳）、吐司	學生準備：茶杯
教材／教具	簡報檔：「品茶」簡報檔、「省水標章」簡報檔、 繪本簡報檔：爸爸的友善茶園、好香的茶、小綠葉蟬的魔法 喝了會笑的茶 https://miaolilib.ebook.hyread.com.tw/bookDetail.jsp?id=112015 影片： 1. 兒童文化館～爸爸的友善茶園電子繪本 　　https://children.moc.gov.tw/book/230322 2. 介紹東方美人茶的故事 　　https://www.youtube.com/watch?v=ZhlZ_q3B5rg&t=65s 3. I'm a little teapot 　　https://www.youtube.com/watch?v=N1gMewNYAJs 4. I'm a little teapot 　　https://www.youtube.com/watch?v=GYBfTyC47LQ 5. 我是一隻小茶壺 　　https://www.youtube.com/watch?app=desktop&v=YA3YUyTY2c0 6. 奉茶 Serving Tea 　　https://www.youtube.com/watch?v=XeIcDtAf2zs 7.『抹茶不是日本的？』-《偵茶事務所》 　　https://www.youtube.com/watch?v=8Ks4e_oV5mQ 8. Drinking Water Healthy Song 　　https://www.youtube.com/watch?v=ff0psF8R4WQ 9. drink some water 　　https://www.youtube.com/watch?v=Ml3XheC8pI4	
學習目標		

1. 練習探究的技能：觀察、比較、預測、記錄、表達、操作等。
2. 學生能透過實際體驗喝茶、吃茶點，感受茶的美好。
3. 培養是非判斷的能力，了解自己與環境的關係，關懷自然生態。
4. 學習體察自我的感受，給予他人適當的回應，以達成溝通及互動的目標。

教學活動設計		
教學活動內容及實施方式	時間	備註
一、發展活動：飲茶思源 SDG13、SDG 1、SDG 11 ㈠ 教師用繪本簡報檔說故事～爸爸的友善茶園 　兒童文化館～爸爸的友善茶園電子繪本 　https://children.moc.gov.tw/book/230322 　◎故事內容： 　我們家是種茶的，爸爸一直用友善、天然的方式在種茶。媽媽是從很遠的地方來的，因為愛喝茶，才會與爸爸相識相愛，共組家庭。爸爸用心照顧茶樹就像在照顧我一樣，老天也很幫忙，這季的茶葉長得真好！再過幾天就可以採收了！ 　看到茶葉長這麼好，爸爸雖然高興卻也擔心找不到人來採茶，萬一耽誤了時間，茶葉就會老掉，做出來的茶就不好喝了。這時，媽媽說他有秘密武器，他開始打電話，用我們聽不懂的家鄉話不知道在說什麼……過不久，「採茶娘子軍」來啦！原來媽媽的秘密武器是一群同鄉的越南阿姨！有了阿姨們的幫忙，採茶採得又快又好，爸爸把採收的茶葉搬回家，鋪滿整個廣場，現在要和老天搶時間了！村裡的林爺爺聞到茶葉的味道也趕緊來幫爸爸的忙。 　接連幾個晚上，爸爸都沒睡覺，拼命地製茶，室內萎凋、浪菁、炒菁、揉捻、團揉、乾燥、烘培……每個步驟都不馬虎，非常用心。可是，一個賣茶的老闆來採購，看到茶葉上有蟲咬的小洞洞，說著「你們的茶葉不好看，會賣不出去」，然後轉身就走。爸爸深受打擊，因為茶葉賣不出去，就沒有收入，那採茶工人的工資、肥料錢、水電費就沒有著落……「難道要把爺爺留下來的老茶賣掉換現金嗎？我是不是撒點農藥、改變種植方法，讓茶葉長得更漂亮，這樣才有人要買？」爸爸的內心很矛盾。 　過幾天，有客人上門指名要買自然農法種植的好茶，媽媽帶著我一起為客人泡茶，媽媽說心靜下來，茶才會泡得好，從準備茶具、溫杯、投茶、泡茶，再分茶，最後請客人用茶時要恭敬有禮。客人說：「茶聞起來清香，喝起來甘甜，真是太好喝了！」然後說要買下全部的茶！ 　爸爸笑著說：「新做好的茶可以賣，但是老茶只留給家人喔！」 1. 教師提問： 　⑴什麼原因讓爸爸堅持種有機茶？（只要是對的事情就要堅持下去） 　⑵請描述製茶的過程？（室內萎凋→浪菁→炒菁→揉捻→團揉→乾燥→烘培） 　⑶請描述泡茶的過程？（準備茶具→溫杯→泡茶→溫杯→投茶→泡茶→再分茶→敬茶） 2. 教師總結 　展現臺灣茶產業的風貌，從茶葉的種植、採摘到揉製，和泡茶程序和奉茶禮儀等，故事中爸爸從懷疑到堅持的友善農法，媽媽是外籍配偶，卻能發揮同鄉互助合作的精神，並教導孩子奉茶禮節等多元文化的融合與學習等。 　故事最後，當客人聞名前來購買有機種植的茶葉時，爸爸堅持留下也是製茶師傅的爺爺親手烘製的老茶時，更讓人濃濃地感受到親情與技藝傳承的歷久彌新。猶如茶香，飲進喉頭，縈繞不去的是人與自然、人與人之間的尊重、友好與傳承。	15	教學資源：爸爸的友善茶園繪本簡報檔、投影設備

（二）教師播放繪本影片～好香的茶 　　繪本簡報檔：好香的茶 　　繪本影片：好香的茶 　　https://www.youtube.com/watch?v=SOhH7lM951g 　　◎故事內容： 　　透過主角桐桐跟家人去茶園的故事，介紹客家奉茶文化及茶製作的過程，帶 　　領讀者認識茶對客家人的意義及其中的故事。		教學資源： 好香的茶繪本 簡報檔、好 香的茶繪本影 片、投影設備
二、發展活動：品茶享茶　SDG3		
（一）教師播放繪本故事～喝了會笑的茶 　　https://miaolilib.ebook.hyread.com.tw/bookDetail.jsp?id=112015 　　◎故事內容： 　　以擬人法讓小綠葉蟬當主角述說東方美人茶的故事。	10	教學資源： 喝了會笑的茶 繪本影片、小 綠葉蟬的魔法 繪本簡報檔、 東方美人茶的 故事影片、投 影設備
（二）教師用繪本簡報檔說故事～小綠葉蟬的魔法 　　◎故事內容： 　　「茶香村」的居民世世代代以來，都以種茶維生，然而因為種茶的人越來越 　　多，茶的價格漸漸低落，年輕人只好離開山上到城市裡工作。村裡只剩下老 　　人家，劉家也不例外，老邁的劉爸爸因此煩惱得病倒了。經過眾人的商量， 　　劉家的大兒子回來繼承茶園。他決定種有機茶。 　　「有機茶」不施肥料、不灑農藥，茶葉都被一種叫做「小綠葉蟬」的蟲咬得 　　坑坑洞洞的。劉爸爸說，這種茶葉只能作成紅茶。沒想到，被小綠葉蟬咬過 　　的茶葉泡成的紅茶卻有一種芬芳的蜜香！這到底是怎麼回事呢？ 　　原來，蜜香紅茶的「蜜香」是由小綠葉蟬分泌的唾液引發的化學變化，促使 　　茶葉散發蜜般的香氣，而這正是茶樹為了自保而產生的機制。大自然多麼神 　　奇呀！只要不破壞它，它會帶給人們意想不到的禮物！	15	
（三）介紹東方美人茶的故事 　　https://www.youtube.com/watch?v=ZhlZ_q3B5rg&t=65s 　　◎影片內容： 　　東方美人茶，又被稱作為膨風茶、椪風茶、蜒仔茶，主要生產於新竹北埔， 　　因茶葉外觀白毫明顯，所以又被稱為白毫烏龍。「東方美人茶」是大自然送 　　給人們最美的禮物，獨特的花果蜜香，受到國內外愛茶人士的喜愛，且價格 　　不斐。 　　讓茶葉散發特殊香氣的最大的功臣，是一般農民認為的害蟲──小綠葉蟬。 　　在茶園的微觀世界中，一場精彩的生態共生，在茶、小綠葉蟬和白斑獵蛛 　　（Evarcha Albaria）三者間展開。 　　小綠葉蟬們以刺吸式口器刺入茶葉或茶芽，取食茶樹的精華汁液，受到小綠 　　葉蟬取食的茶葉，會產生皺縮、停止生長。過去這種昆蟲取食茶葉的問題 　　對於茶農而言，是令人沮喪的損失。然而白斑獵蛛是小綠葉蟬的天敵，牠們 　　以小綠葉蟬作為主要的食物來源。當小綠葉蟬侵襲茶葉時，茶樹會動防禦反 　　應，合成出類似花果蜜香的物質，賦予茶葉更深層的香氣，這種香氣也吸引 　　白斑獵蛛迅速行動，捕食小綠葉蟬，白斑獵蛛的出現，成了茶園的守護者， 　　將小綠葉蟬的數量保持在一定的範圍內，維護著茶園的生態平衡，讓茶樹能 　　夠健康生長。		
2. 教師總結 　　蜜香紅茶和東方美人茶都是茶葉因為受過傷而更美味。小綠葉蟬的由來，有 　　生態保育的概念，在茶園這個微觀的世界中，東方美人茶和蜜香紅茶、		

小綠葉蟬和白斑獵蛛形成了一個微妙的生態共生體系。彼此扮演著互利共生的角色，為茶園的自然環境和生態平衡做出了貢獻。三者之間的互動，不僅是一個關於食物鏈的故事，更是大自然智慧的體現，展示出生命間微妙的聯繫和平衡的重要性。茶樹、小綠葉蟬和獵蛛之間微妙的關係，造就茶葉獨特的風味，這也是大自然神奇的地方。 〜第一節　課程結束〜 三、I'm a little teapot—Take 10 (一)教師帶學生跟著歌曲一起跳律動 　I'm a little teapot 　https://www.youtube.com/watch?v=N1gMewNYAJs 　https://www.youtube.com/watch?v=GYBfTyC47LQ 　我是一隻小茶壺 　https://www.youtube.com/watch?app=desktop&v=YA3YUyTY2c0	10	教學資源：I'm a little teapot 歌曲影片、我是一隻小茶壺歌曲影片、投影設備結合健康與體育領域
四、品茶嚐茶點 (一)教師播放影片～奉茶 Serving Tea 　https://www.youtube.com/watch?v=XeIcDtAf2zs 　◎影片內容： 　茶道是一種烹茶飲茶的藝術，利用泡茶、賞茶及飲茶，來達到修身養性的一種方式，現代人壓力大容易煩悶，以聞茶香觀茶色到飲茶，而透過飲茶來想像從泡茶到品茶的過程，表現故事發展，其泡茶過程茶具的種類與地方的不同，有著不一樣的茶道知識，動畫內容以漢字表現介紹各茶具的名稱及泡茶順序來讓人耳目一新。	10	教學資源：奉茶 Serving Tea 影片、投影設備
(二)Tea Time～ 品茶 1. 教師請學生拿出杯子，以品茶簡報檔跟孩子邊品茶邊討論後完成蜜香美人抹茶飄香學習單（附件一）。 　(1)請學生品東方美人茶：學生用眼睛看顏色、鼻子聞氣味。 　(2)學生在學習單上寫下視覺、嗅覺的感覺 　(3)請學生品蜜香紅茶：學生用眼睛看顏色、鼻子聞氣味。 　(4)學生在學習單上寫下視覺、嗅覺的感覺。 (三)嘗茶點 1. 教師播放影片～『抹茶不是日本的？』-《偵茶事務所》 　https://www.youtube.com/watch?v=8Ks4e_oV5mQ 2. 請學生品嘗抹茶醬吐司：請學生用眼睛看顏色、鼻子聞氣味、用嘴巴嚐抹茶醬吐司。 3. 學生在蜜香美人抹茶飄香學習單上寫下視覺、嗅覺、味覺的感覺。 4. 教師總結 　我們可以透過視覺（賞茶）、嗅覺（聞茶）感受茶香。 〜第二節　課程結束〜 五、總結活動：水～你是誰 SDG6 (二)教師提問～猜猜我是誰 1. 教師依據水的特性提出線索，請學生「動腦猜一猜」：	20	教學資源：品茶簡報檔、東方美人茶、蜜香紅茶、抹茶醬吐司、蜜香美人抹茶飄香學習單（附件1）

　　⑴是一種東西
　　⑵沒有顏色
　　⑶沒有固定形狀
　　⑷每天都需要用到
　　⑸會從天上掉下來也會在地上流
　　⑹跟喝茶有關。

5

2. 教師說明：
　　「水為茶之母」，泡茶，就是以水為媒介，把茶中蘊藏的味道釋放出來，再好的茶也需要水的襯托才可充分展現其美。茶與水兩者各自看似平淡普通，但只要一經接觸，就可激發出不同的味道。他們有著密不可分的關係，水容納了茶的釋放，茶亦為水的平淡增添了色香味。

㈡教師播放歌曲影片～Drinking Water Healthy Song
　　https://www.youtube.com/watch?v=ff0psF8R4WQ
　　◎影片內容：
　　　Drink water Drink water
　　　　It is Good for me
　　Gu-lu Gu-lu Gu-lu Gu-lu!!　　Healthy Healthy Song
　　　Let's drink water together~~

10

㈢認識省水標章～「省水標章簡報檔」
1. 讓學生看圖說一說，這個圖告訴我們什麼？

15

2. 教師以「省水標章簡報檔」介紹省水標章，說明節水標章（Logo）的圖樣意義：
　　⑴箭頭向上，代表將中心的水滴接起，強調回歸再利用，提高用水效率。
　　⑵右邊三條水帶，代表「愛水、親水、節水」，藉以鼓勵民眾愛護水資源，親近河川、湖泊、水庫，並共同推動節約用水。
　　⑶藍色代表水質純淨清澈，得之不易，務當珍惜。
　　⑷水資源如不虞匱乏，大家皆歡喜，故水滴笑臉迎人。

㈣教師播放影片～drink some water
　　https://www.youtube.com/watch?v=Ml3XheC8pI4
　　教師用「喝茶」簡報檔介紹「喝茶」的客語、閩南語和英語，和「tea」、「water」、「drink some water」，並帶學生練習念「喝茶」的客語、閩南語和英語。

15

4 教師總結
　　水與我們的生活息息相關，水是人類文明與生存最重要的元素。我們參加寫信馬拉松活動，就是氣候變遷影響人類生活最好的例子，人類可以使用的水資源的有限，我們要學習愛護環境並珍惜水資源。

15

～第三節　課程結束～

教學資源：
Drinking Water Healthy Song 歌曲影片、「省水標章簡報檔」、投影設備

教學資源：
drink some water 影片、「喝茶」簡報檔、投影設備

【附錄】

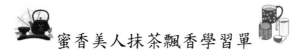

蜜香美人抹茶飄香學習單

____年____班　座號____姓名_____

	感覺	描述
東方美人茶 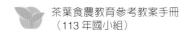	眼睛觀察茶色（賞茶）	色
	鼻子聞香氣（聞茶）	
蜜香紅茶	眼睛觀察茶色（賞茶）	色
	鼻子聞香氣（聞茶）	
抹茶醬吐司	眼睛觀察顏色（視覺）	色
	鼻子聞香氣（嗅覺）	
	嘴巴試口感（味覺）	

教案 2

慕「茗」而來～臺茶風 瘋臺茶

陶玉[1]、陶瑜[2]

臺北市立志清國民小學[1]、臺北市立公館國民小學[2]

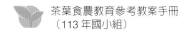
（一）教學設計理念

「茶」是臺灣重要的經濟作物，「文山包種茶」更是臺北市文山區孩子熟悉的家鄉特產。本活動設計共 3 節課，採用「食農教育 ABC 模式」，第 1 和 2 節課從「農業生產與環境」面向切入，讓學生認識臺灣的茶產業及臺灣創發的風味輪，第 3 節課則結合「飲食健康與消費」及「飲食生活與文化」兩個面向，選擇在地著名的文山包種茶，讓學生實際泡茶、品茗，同時也讓學生知道茶的成分、營養價值及對人體的益處。本活動強調體驗學習，重視學生的生活經驗，讓學生在體驗的過程中，進行觀察和反思，形成可運用的知識和概念，然後再進行實作或行動以引發新的經驗。

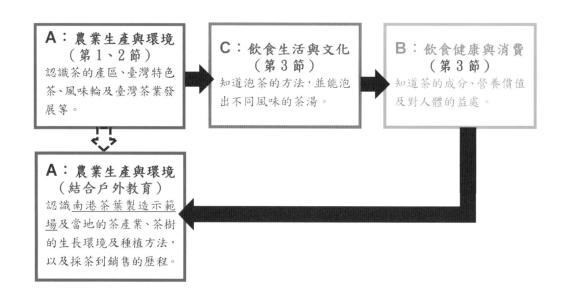

（二）教學活動設計

實施領域	社會	實施年級	中年級	教學節次	共 3 節（不含戶外教育）

		設計依據		

<table>
<tr><td rowspan="3">學習重點</td><td>學習表現</td><td>社會 2a-II-1 關注居住地方社會事物與環境的互動、差異與變遷等問題。
社會 3c-II-2 透過同儕合作進行體驗、探究與實作。
社會 3d-II-1 探究問題發生的原因與影響，並尋求解決問題的可能做法。</td><td rowspan="2">核心素養</td><td>【A2 系統思考與解決問題】
社 -E-A2 敏覺居住地方的社會、自然與人文環境變遷，關注生活問題及其影響，並思考解決方法。</td></tr>
<tr><td>學習內容</td><td>社會 Ab-II-2 自然環境會影響經濟的發展，經濟的發展也會改變自然環境。
社會 Cb-II-1 居住地方不同時代的重要人物、事件與文物古蹟，可以反映當地的歷史變遷。</td></tr>
</table>

<table>
<tr>
<td rowspan="7">議題融入</td>
<td rowspan="2">實質內涵</td>
<td colspan="3">
• 多元文化教育【我族文化的認同】
多 E1 了解自己的文化特質。
多 E2 建立自己的文化認同與意識。
• 閱讀素養教育【閱讀的歷程】
閱 E6 發展向文本提問的能力。
• 戶外教育【有意義的學習】
戶 E1 善用教室外、戶外及校外教學，認識生活環境（自然或人為）友善環境。
戶 E7 參加學校校外教學活動，認識地方環境，如生態、環保、地質、文化等的戶外學習。
• 環境教育【環境倫理】
環 E1 參與戶外學習與自然體驗，覺知自然環境的美、平衡與完整性。
</td>
</tr>
</table>

		三面	■農業生產與環境	■飲食健康與消費	■飲食生活與文化
		六項	■農業生產與安全	■飲食與健康	■飲食文化
			□農業與環境	□飲食消費與生活型態	□飲食習慣
		茶葉相關面向	■產	□製	■銷
			□藝		

		學習內涵	食 E1. 瞭解家鄉農業發展的歷史，認識家鄉的自然環境特色（土壤、水源、天氣等自然條件）與在地農業生產的關聯。 食 E2. 認識農產品生長過程及農業生產方法的演變，透過農業相關體驗活動，體會農業工作的樂趣與價值。 食 E3. 描述家鄉農產品的特色，並分析進口與國產農產品的差異。 食 E6. 認識常見食物，瞭解飲食習慣對身體健康及罹患疾病風險的影響，並能選擇健康的食物。 食 E15. 參與體驗活動、認識家鄉飲食文化，瞭解飲食文化傳承的意義，欣賞與尊重多元飲食文化。

（議題融入 / 所融入食農教育之概念面項與學習內涵）

與其他 領域／科目 的連結	• 核心素養 　自 -E-A3　　具備透過實地操作探究活動探索科學問題的能 ，並能初步根據問題特 　　　　　　　性、資源的有無等因素，規劃簡單步驟，操作適合學習階段的器材 儀 　　　　　　　器、科技設備及資源，進 自然科學實驗。 　健體 -E-A2 具備探索身體活動與健康生活問題的思考能力，並透過體驗與實踐， 　　　　　　　處理日常生活中運動與健康的問題。 • 學習表現 【自然科學】 　pe-II-2 能正確安全操 作適合學習階段的物品、器材儀器、科技設備及資源，並能 　　　　　 觀察和記錄。 　po-II-1 從日常經驗、學習活動、自然環境，進 觀察，進而能察覺問題。 【健康與體育】 　a-II-1 能於日常生活中，運用健康資訊、產品與服務。 • 學習內容 【自然科學】 　INc-II-2 生活中常見的測量單位與 量。 　INe-II-11 環境的變化會影響植物生長。 【健康與體育】 　Ea-II-1 食物與營養的種類和需求。
學生 學習條件 分析	1. 學生具備與茶相關的生活經驗，包括喝過或聽過某些茶品（例如紅茶、綠茶、烏龍 　 茶等）。 2. 學生能依指示實作或操作學習材料。 3. 學生能分享自己的經驗，並能專心聆聽他人的分享。
教學前準備	教師準備：教案、教材及教具　　　　　　　　｜學生準備：文具及專注學習的態度
教材／教具	教學簡報、教學影片、學習單、電腦及資訊設備、茶包、文山包種茶葉、試飲杯、泡 茶用茶具

學習目標

1. 能知道全球產量較大的產茶國家及臺灣重要的產茶區域。
2. 能認識六大茶系及臺灣特色茶。
3. 能品評茶湯的色、香、味，並以風味輪來描述茶的風味。
4. 能知道臺灣茶產業發展的歷史和現況。
5. 能知道不同的茶有不同的泡法，並能控制置茶量、水溫和浸泡時間來泡文山包種茶。
6. 能知道同一種茶可以有不同的泡法，不同泡法會呈現不同的風味。
7. 能知道茶的成分、營養價值及對人體的益處。
8. 能知道南港茶葉製造示範場及當地茶產業的起源與發展。
9. 能認識茶樹的生長環境及種植方法。
10. 能透過體驗活動認識從採茶到銷售的歷程。

※ 本教案學習目標呼應的學習表現及學習內容雙向細目表如下所示：

學習表現＼學習內容	（社會）2a-Ⅱ-1	（社會）3c-Ⅱ-2	（社會）3d-Ⅱ-1	（自然）po-Ⅱ-1	（自然）pe-Ⅱ-2	（健體）a-Ⅱ-1
（社會）Ab-Ⅱ-2	學習目標 1、2、8	學習目標 3、10	學習目標 4			
（社會）Cb-Ⅱ-1						
（自然）INc-Ⅱ-2					學習目標 5、6	
（自然）INe-Ⅱ-11				學習目標 9		
（健體）Ea-Ⅱ-1						學習目標 7

教學活動設計

教學活動內容及實施方式	時間	備註
一、引起動機 1. 請學生分享喝現泡茶、市售瓶裝茶或手搖飲茶的經驗。 2. 教師提問：市售瓶裝茶或手搖飲茶，它們所使用的茶葉主要來自哪裡？ 3. 介紹全球產量較大的產茶國家。 4. 運用農業部茶及飲料作物改良場 - 數位學習資源，播放「臺灣特色茶主要產區」影片。 （影片連結：https://www.youtube.com/watch?v=q9RPagHcqqU） 二、發展活動 1. 每組（2 至 3 人一組為原則）發一張手搖飲店的 MENU，請各組從 MENU 中圈出含茶的飲品。 2. 請學生分享 MENU 中含茶的飲品，並由全班一起判斷這些飲品是否含有茶。 （※ 名字有茶的不一定是茶，例如麥茶、薑茶、冬瓜茶；名字沒有茶的可能是茶，例如：金萱、四季春等。） 3. 教師提問：這些含茶的飲品，它們加的是什麼茶？是否可以從飲品名稱知道？ 4. 介紹六大茶系。 5. 運用農業部茶及飲料作物改良場－數位學習資源，播放「臺灣主要茶類品質特色」影片，介紹臺灣特色茶。 （影片連結：https://www.youtube.com/watch?v=FvFVNgM4ris） 6.「猜茶名」活動： ⑴ 教師準備紅茶、綠茶、烏龍茶及鐵觀音。 ⑵ 準備試飲杯，將上述四種茶倒入試飲杯中（編號 1～4），讓學生觀察並在學習單上記錄四種茶湯的色（顏色）、香（香氣）、味（滋味），並推測編號 1～4 試飲杯內分別裝著何種茶。	10' 50'	口語評量 學習專注度 學習專注度 實作評量 參與度 學習專注度 學習專注度 實作評量

(3) 介紹「風味輪」協助學生聯想與描述茶的風味（香氣和滋味）。

(4) 請學生發表學習單上記錄的內容，並分享自己的推測。

(5) 教師揭示答案。

7. 教師引導學生歸納發展活動學習內容。

三、總結活動

1. 運用農業部茶及飲料作物改良場 - 數位學習資源，播放「臺灣茶產業發展概況」影片，介紹臺灣茶產業發展的歷史和現況。

（影片連結：https://www.youtube.com/watch?v=rP7wfxJDLwA）

2. 教師提問：

(1) 早期臺灣出口茶葉以哪兩種茶葉為主？

(2) 臺灣從日治時期才開始出產紅茶，為什麼臺灣要出產紅茶？

(3) 臺灣生產的茶葉從外銷轉成內銷，原因為何？

(4) 近 30 年來，哪兩種茶的需求量迅速增長，行政院農委會茶業改良場也輔導茶農改良茶的產製技術？

3. 學生完成學習單。

4. 總結本節課學習內容。

5. 延伸學習—科普閱讀《次世代茶飲原料－速萃茶》。

（※ 教學者可視教學時間決定讓學生在課堂上或回家學習。）

～第一、二節課結束～

一、引起動機

1. 教師提問：你有泡過茶嗎？你知道怎麼泡茶嗎？

2. 運用農業部茶及飲料作物改良場 - 數位學習資源，播放「茶葉的選購與沖泡」影片。

（影片連結：https://www.youtube.com/watch?v=XNRJBdHozhg）

二、發展活動

1. 教師引導學生回憶影片中泡包種茶的方法。

2. 教師介紹泡茶茶具，並示範泡包種茶。

3. 學生分組實作，並於第 1 泡完成後，再進行第 2 泡。

4. 比較與討論包種茶第 1 泡和第 2 泡顏色、香氣和滋味的差異，並上臺發表。

5. 教師介紹冷泡茶，並請學生試喝冷泡包種茶後，分享包種茶熱泡和冷泡風味上的差異及個人喜好。

三、總結活動

1. 教師說明熱泡茶和冷泡茶的差異。

右欄時間與評量：
學習專注度
學習單

口語評量
20'
學習專注度

口語評量

學習單
口語評量

7'

學習專注度

25'

口語評量
學習專注度
實作評量
發表
口語評量

8'

學習專注度

口語評量

2. 教師介紹茶的成分、營養價值、喝茶的優點及注意事項。 3. 總結本節課學習內容。 4. 知識理解大挑戰。 　　（※ 教學者可視教學時間決定讓學生在課堂上或回家學習。） 　　　　　　　　　　～第三節課結束～ **戶外教育**：探訪南港茶葉製造示範場 一、準備活動 1. 教師進行「南港茶葉製造示範場」行前探勘，了解交通、場地、學習及體驗 　　活動內容。 2. 教師於行前向學生介紹「南港茶葉製造示範場」的位置與環境，並提醒學生 　　校外教學安全注意事項。 二、發展活動 1. 講師介紹「南港茶葉製造示範場」成立的目的、南港種植茶樹的自然環境， 　　以及種植包種茶需要的環境條件。 2. 講師介紹文山包種茶的起源與發展。 3.「採茶」體驗：學生進入包種茶園，由講師介紹茶樹及採茶要領，並親自體 　　驗採茶。 4.「製茶」體驗：學生參觀製茶室，由講師介紹製茶過程和器材。 5.「撿茶枝」體驗：學生分組將老葉、茶梗、黃片等雜物挑撿出來，體會參選 　　冠軍茶時，必須透過人工撿茶枝來確保茶葉品質。 三、總結活動 1. 學生分享不同茶的味道及自己的喜好。 2. 學生分享今日的學習心得。	1日 學習專注度 學習專注度 學習參與度 學習參與度 學習參與度 口語評量

參考資料：
1. 農業部茶及飲料作物改良場 (tbrs.gov.tw)
2. 臺灣茶 TAGs 風味平臺
3. 京盛宇 https://www.jsy-tea.com/pages/tea-type
4. 帶你認識六大茶類 https://www.hemitea.com/blogs/ 茶百科 /- 進入茶的世界 - 帶你認識六大茶類
5. 遊山茶坊 https://www.yoshantea.com/pc/news.php?id=21090261303e4462e23&lang=en
6. 跟著公子買茶茶 https://www.hanyitea.tw/single-post/sixtypeabouttea/
7. 包種茶沖泡方式—廖長興茶莊 https://www.pinglintea.com.tw/r/
8. 文山包種茶沖泡方法—坪之鄉自然生態茶園 http://www.pstea.com.tw/tea.html

附錄：
【附錄 1】學習單
【附錄 2】補充資料—閱讀單
【附錄 3】延伸學習—科普閱讀
【附錄 4】知識理解大挑戰
【附錄 5】教學剪影
【附錄 6】戶外教育活動剪影
【附錄 7】學生成果回饋

【附錄 1】

慕「茗」而來～臺茶風 瘋臺茶
《猜茶名活動》學習單

班級：＿＿＿年＿＿＿班　　座號：＿＿＿＿＿　　姓名：＿＿＿＿＿＿＿＿＿

❖活動任務：請觀察桌上 4 種茶湯的色（顏色）、香（氣味）、味（味道）後，記錄在

　　　　　　下表中，並且由你觀察的結果推測 4 個試飲杯中分別裝著哪一種茶

　　　　　　品。

編號	1	2	3	4
顏色				
香氣				
滋味				
茶品				

※茶湯香氣和滋味的寫法可以參考風味輪 2.0

說一說，你認為認識和學習「風味輪」有什麼優點？

【附錄 2】

慕「茗」而來 ～ 臺茶風 瘋臺茶
《泡茶體驗》學習單

班級：＿＿＿年＿＿＿班　　座號：＿＿＿＿＿＿　　姓名：＿＿＿＿＿＿＿＿＿＿＿＿

1. 完成下面的泡茶流程圖。

溫　壺	→		→		→		→	品　茗

2. 有關包種茶的泡法請整理在下表中。

	茶具	置茶量	水量	水溫	浸泡時間	沖泡次數
建議泡法	☐瓷壺 ☐陶壺 ☐蓋碗或蓋杯					可連續沖泡4～5次

3. 比較第 1 泡和第 2 泡茶湯色、香、味的差異。

茶湯	顏色	香氣	滋味
第 1 泡			
第 2 泡			

說一說，品嘗第 1 泡和第 2 泡的包種茶茶湯，你比較喜歡哪一個？為什麼？

【附錄 3】

補充資料～《泡茶體驗》閱讀單

　　不同的茶，根據它們的特質，泡法也略有不同。例如條型包種茶為半發酵茶，帶有天然幽雅的花香，適合使用瓷壺或陶壺來沖泡，也可用蓋碗或蓋杯來沖泡，並配上白色瓷杯飲用。

　　置茶入壺前，先要溫壺，如果熱水倒入未溫過的壺，水溫會降低約 5℃，所以在不溫壺的情況下，就必須提高泡茶的水溫。接下來是置茶，沖泡條型包種茶時，置茶量約為容器的三分之一或二分之一，茶量過多，會使茶湯的味道過濃而掩蓋住茶天然的香氣。然後是注水，水量要完全覆蓋茶葉，水溫約在 80℃～90℃，不宜太高，以免茶湯苦澀且茶中的營養素被破壞。再來是浸泡，浸泡時間也不宜過久，約 20～30 秒，浸泡過久反而會使茶湯苦澀難以入口。最後則是品茗，即將浸泡完成的茶湯，先倒入茶海中暫時存放，飲用時再倒入個人的小瓷杯中。條型包種茶可以連續沖泡大約 4～5 次，自第 3 泡起，每泡茶等待的時間各增加約 10 秒。

　　想泡出一杯好喝的茶，除了泡茶的水溫外，置茶量、水量和浸泡時間也需要互相搭配，我們可以依照各人的喜好，來改變影響茶湯濃淡和味道的因素，泡出自己最喜歡的茶湯喔！

【參考資料】
1. 臺灣茶的特性與品賞─世豐製茶廠，網址 https://www.nicetea.tw/know.php?id=20
2. 文山包種茶沖泡方法─坪之鄉自然生態茶園，網址 http://www.pstea.com.tw/tea.html
3. 包種茶沖泡方式─廖長興茶莊，網址 https://www.pinglintea.com.tw/r/

【附錄4】

延伸學習～科普閱讀
次世代茶飲原料－速萃茶

　　炎炎夏日總能見到人手一杯冰涼的手搖茶飲，但是一杯珍珠奶茶，從茶葉、奶精到珍珠，又有多少原料真的是國產的農特產品呢？

　　事實上，國產農產品能進入茶飲市場比例並不高，原因是商業化的茶飲市場要求「低單價」、「高品質」、「標準化」及「自動化」，所以我國農業部茶及飲料作物改良場，為了讓茶飲產業商業化，研發出萃取率高、萃取快、品質佳、自動化及標準化的技術，以降低成本，並且以提升「健康」為宗旨，開發出「次世代健康調飲茶」原料，讓茶湯更新鮮清爽香甜、水色清透，而且萃取時間較傳統沖泡快一倍。

　　目前這個技術已經可以應用在綠茶、烏龍茶及紅茶等次世代健康調飲原料，相信次世代健康調飲原料未來必能引領國內茶飲進軍國際市場。

　　　　　　【改寫自「113年3月第1期《茶及飲料作物專訊》，作者郭芷君、蔡憲宗」】

❖小朋友，請根據上面的文章回答下面的問題。

（　　）1.下面有關茶飲的敘述，何者正確？
　　　　①臺灣之光-珍珠奶茶所使用的原料都是國產農產品。
　　　　②本國農產品在國際市場占有大量比例。
　　　　③商業化茶飲市場要求高品質、高成本。
　　　　④我國新研發出的萃取技術不但可以降低茶飲成本並重視健康。

2.目前我國新研發出的萃取技術已應用在哪幾種茶上？
　　（　　　　　　）、（　　　　　　　）、（　　　　　　　）

3.請寫出「次世代健康調飲茶」原料茶湯與傳統茶葉比較，兩者有什麼差異？

_____

_____

4.想一想，說一說，我國新研發的中的「次世代健康調飲茶」原料哪些特點，讓臺灣茶在國際茶飲市場更具競爭力？

【附錄 5】

慕「茗」而來～ 臺茶風 瘋臺茶
知識理解大挑戰

【全球十大產茶國家產量比較】

資料來源：TEAMO 紅茶手札 https://www.teamo.com.tw/blog/blog015.html

1. 上圖是 2019 年全球十大茶葉生產國家，請根據上圖依序寫出全球茶葉產量最大前 3 名的國家。

（　　　　　　　）、（　　　　　　　　）、（　　　　　　　　　）

2. 根據上圖可知，全球生產茶量第一名的國家，每年可以生產多少公噸的茶葉？

（　　　　　　　）

【臺灣特色茶類有哪些】

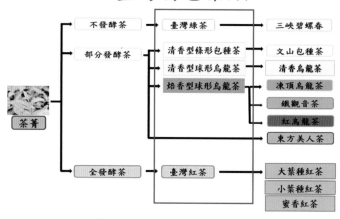

資料來源：茶及飲料作物改良場

1. 臺灣特色茶類將茶分成哪六類？

_____

2. 臺灣特色茶類是依據什麼來分類？（　　　　　　　　　　　　　　）

3. 茶的茶湯顏色與它的發酵程度有什麼關係？

_____

4. 臺灣茶依發酵程度將茶分成哪三類？

（　　　　　　　）、（　　　　　　　）、（　　　　　　　）

5. 承上題，包種茶及烏龍茶是屬於哪一類？（　　　　　　　　　）

【臺灣特色茶】

1. 臺灣特色茶主要分為幾個產區？（　　　　　）

2. 文山包種茶主要分布在哪個產區？（①中南部②北部③東部④高山。）

（　　　　　）

3. 109 年臺灣發布了「臺茶風味輪」，請問使用風味輪的優點為何？請寫出 2 項。

_____

_____

【臺灣茶產業發展的歷史與現況】

1. 早期臺灣出口茶葉以哪兩種茶葉為主？（　　　　　）、（　　　　　）

2. 臺灣從日治時期才開始出產紅茶，為什麼臺灣要出產紅茶？

_____

3. 臺灣生產的茶葉從外銷轉成內銷，原因為何？

_____

4. 近 30 年來，哪兩種茶的需求量迅速增長，茶及飲料作物改良場也輔導茶農改良茶的產製技術？（　　　　　）、（　　　　　）

【附錄 5】教學剪影

從手搖飲店 MENU 中圈出含茶的飲品	從手搖飲店 MENU 中圈出含茶的飲品

介紹臺灣特色茶	說明「猜茶名」活動

學生品評茶湯色香味	學生品評茶湯色香味

學生品評茶湯色香味	介紹風味輪 2.0

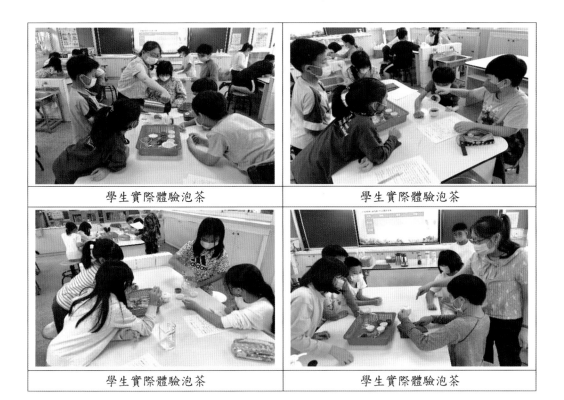

| 學生實際體驗泡茶 | 學生實際體驗泡茶 |
| 學生實際體驗泡茶 | 學生實際體驗泡茶 |

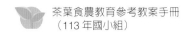
【附錄6】戶外教育活動剪影

「戶外教育：探訪南港茶葉製造示範場」活動翦影

觀賞介紹茶樹生長環境及種植的影片

學生體驗採茶

介紹製茶過程並進行體驗活動

學生體驗撿茶枝

【附錄 7】學生成果回饋

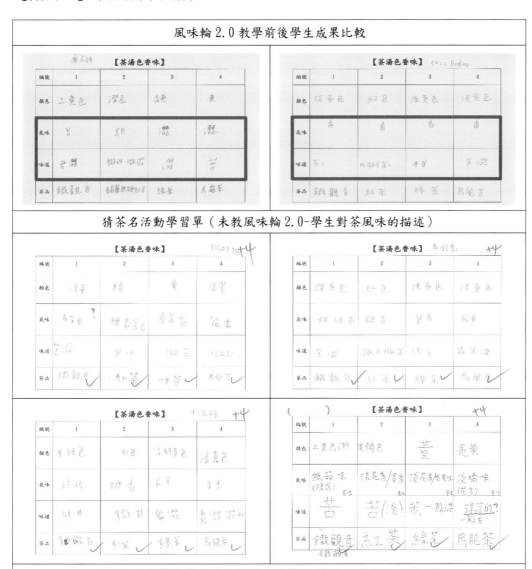

風味輪 2.0 教學前後學生成果比較

猜茶名活動學習單（未教風味輪 2.0-學生對茶風味的描述）

猜茶名活動學習單（風味輪 2.0 教學後-學生對茶風味的描述）

學生圈出的含茶飲品

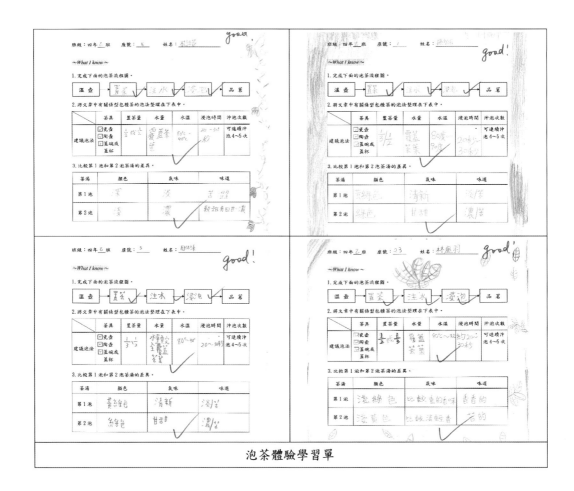

泡茶體驗學習單

教案3

藝起體驗　覺茶人生

林宛庭、林思言

桃園市立瑞塘國民小學

（一）教學設計理念

　　主題式課程讓學生接觸在地茶產業與職人師傅互動學習，以創新活潑的實境互動，將在地茶文化結合學校課程，帶領學生走入茶園、聚落，整個茶園場域都是學生們的教室，每位職人都是學生們值得學習的導師。

　　希望學生認識日常生活隨處可得的茶飲，了解茶葉是如何而來，更希望經由體驗的過程，學生打開五感的敏銳度，成為一個有感受力的人。

（二）教學活動設計

實施領域		社會領域 藝術領域 綜合領域	實施年級	中年級	教學節次	共 3 節
設計依據						
學習重點	學習表現	藝術 3-II-1 能樂於參與各類藝術活動，探索自己的藝術興趣與能力，並展現欣賞禮儀。 藝術 2-II-2 能發現生活中的視覺元素，並表達自己的情感。		核心素養	【A1 身心素質與自我精進】 藝 -E-A1 參與藝術活動，探索生活美感。 【B3 藝術涵養與美感素養】 藝 -E-B3 善用多元感官，察覺感知藝術與生活的關聯，以豐富美感經驗。 【C3 多元文化與國際理解】 藝 -E-C3 體驗在地及全球藝術與文化的多元性。	
	學習內容	藝術　表　P-II-2 各類形式的表演藝術活動。 藝術　視　E-II-1 色彩感知、造形與空間的探索。 藝術　視　P-II-1 在地及各族群藝文活動、參觀禮儀。				
議題融入	實質內涵	• 環境教育【環境倫理】 　E1 參與戶外學習與自然體驗，覺知自然環境的美、平衡、與完整性。 　E3 了解人與自然和諧共生，進而保護重要棲地。 • 戶外教育【有意義的學習】 　E1 善用教室外、戶外及校外教學，認識生活環境（自然或人為）。 • 戶外教育【健康的身心】 　E3 善用五官的感知，培養眼、耳、鼻、舌、觸覺及心靈對環境感受的能力。 • 戶外教育【尊重與關懷他人】 　E4 覺知自身的生活方式會對自然環境產生影響與衝擊。				

議題融入	所融入食農教育之概念面項與學習內涵	三面	■農業生產與環境	□飲食健康與消費	■飲食生活與文化
		六項	■農業生產與安全	□飲食與健康	■飲食文化
			■農業與環境	□飲食消費與 生活型態	■飲食習慣
		茶葉相關面向	■產	■製	□銷
			■藝		
		學習內涵	E1. 瞭解家鄉農業發展的歷史，認識家鄉的自然環境特色(土壤、水源、天氣等自然條件)與在地農業生產的關聯。 E4. 瞭解農業對環境保護及永續發展的價值與重要性。 E13. 瞭解食物來源及餐食製備過程中的辛勞，養成惜食與感恩的情懷。 E15. 參與體驗活動、認識家鄉飲食文化，瞭解飲食文化傳承的意義，欣賞與尊重多元飲食文化。		

與其他領域／科目的連結	• 核心素養 　社-E-B3 體驗生活中自然、族群與文化之美，欣賞多元豐富的環境與文化內涵。 　綜-E-B3 覺察生活美感的多樣性，培養生活環境中的美感體驗，增進生活的豐富性與創意表現。 　綜-E-C3 體驗與欣賞在地文化，尊重關懷不同族群，理解並包容文化的多元性。 • 學習表現 　社會 2b-II-2 感受與欣賞不同文化的特色。 　綜合 2d-II-1 體察並感知生活中美感的普遍性與多樣性。 　綜合 3c-II-1 參與文化活動，體會文化與生活的關係，並認同與肯定自己的文化。 • 學習內容 　社會 Bc-II-1 社會各個族群有不同的命名方式、節慶與風俗習慣。 　綜合 Bd-II-2 生活美感的體察與感知。 　綜合 Cc-II-3 對自己文化的認同與肯定。
學生學習條件分析	四年級社會領域課程教授五大地形，其中丘陵地形因排水良好、霧氣多而適合種植茶葉，課文中介紹的東方美人茶，引起學生的興趣，因此在課堂中引發熱烈的討論，有學生因而分享了低年級時，老師帶領他們參訪茶及飲料作物改良場所學習到的知識。而全班有二十一位學生，有曾經或習慣陪伴家中長輩飲茶的經驗，因此課程從「茶」出發，讓學生親自採茶、了解製茶過程、認識專業茶具、親自揉茶到學習正確泡茶、品茶的飲茶禮儀，完整體驗在地化茶鄉的茶葉文化，從學習中體悟茶農的辛勞，並明白「一分耕耘、一分收穫」的意涵。
教學前準備	教師準備： 課程簡報、學習單、茶園場地、交通安排、家長行前通知單　　　　　　　　　學生準備： 茶杯
教材／教具	課程簡報、觸屏電視、茶葉、茶具、竹簍、斗笠、學習單

學習目標
1. 能知道茶樹種植適合的地形條件。 2. 能學習臺灣多元茶種，並認識碧螺春的茶文化。 3. 能覺察茶園生態，辨識茶園常見昆蟲，體會人與自然共好。 4. 能在在地茶農的教導下，學習採摘茶葉，辨識一心二葉。

5. 能感受奉茶文化之美。
6. 能認識專業製茶機臺的功能。
7. 能知道製茶的流程。
8. 能學會用正確的手勢，揉捻所摘採的茶葉。
9. 能在在地茶藝師的教導下，習得茶藝禮儀。

教學活動設計		
教學活動內容及實施方式	時間	備註
一、引起動機 1. 教師提問丘陵地形適合種植茶樹的因素為何？ 2. 學生分享低年級參訪茶及飲料作物改良場的收穫及造訪過的茶園及其景觀。	10	能勇於發表，提出個人的觀點。
二、發展活動： (一) 與茶相遇首部曲 1. 走訪茶園 　(1) 瞭解茶園的地形樣貌及植物樣態。 　(2) 教師解說與自然共好，昆蟲便能在茶園中與茶樹共存，而特有茶種 - 蜜香紅茶能有一股迷人的蜂蜜香，即是因為小綠葉蟬咬過茶葉的化學作用。 2. 採茶趣 　(1) 認識一心二葉，學習區分出優質的茶葉。 　(2) 穿戴採茶裝備，仔細挑選適合採收的茶葉，並用正確的手勢將其摘採下來，放入竹簍。 3. 小小茶農就是我 　(1) 學生分組比賽，看誰採到最多的茶葉，即獲選為今日最佳小茶農。 　(2) 學生分享採茶的樂趣。 4. 感恩的心 　(1) 茶職人準備奉茶，讓學生喝杯「奉茶」，感受濃厚的人情味，並對大自然及茶農心存感激。 　(2) 學生分享茶農採茶的辛苦及採茶體驗的收穫。	45	能仔細觀察茶園的自然景觀。 能知道小葉綠蟬與茶葉間的微妙關係。 能知道如何摘採一心二葉的茶葉 能樂於分享自己的感受。 能知道奉茶的意涵。 能樂於分享自己的收穫。
(二) 與茶相遇二部曲 1. 開箱好茶製程 　(1) 茶職人介紹製茶的流程： 　　採菁→日光萎凋→室內靜置及攪拌→炒菁→ 　　揉捻→初乾→揀枝→精製烘焙 　(2) 茶職人講解專業製茶機臺的功能。 2. 製茶真功夫 　(1) 學生經由茶職人的指導，學習正確的揉茶手勢，揉捻自己所採收的茶葉，感受茶葉發酵的過程。 　(2) 學生觀察茶葉的顏色及樣態，經過揉捻後有何明顯的改變？ 3. 茶香練功坊 　(1) 學生感受茶葉揉捻後所散發出的香氣。 　(2) 學生相互「聞香」，不同力道及手勢所揉出的茶香是否不同？	25 30	能知道茶葉的製造流程。 能專心聆聽。 能用正確手式揉茶。 能正確察覺茶葉揉捻後的改變。 能感受茶葉散發的香氣。

(三)與茶相遇三部曲	能知道沏茶的正
1. 品茶小學堂	確步驟及茶道禮
(1) 教師說明沏茶要點及茶道禮儀。	儀。
(2) 茶職人示範沏茶的步驟。	
2. 我是品茗師	
(1) 茶職人說明碧螺春、包種茶、蜜香紅茶的特色。	
(2) 學生操作品的順序與方式：	能依照品茶的順
看外型→聞香氣→詳　色→品茶味　→觀　底	序品出正確茶
(3) 學生分次嗅聞碧螺春、包種茶、蜜香紅茶的香氣，並能試著說出自己當	種。
次聞到的茶種為何。	
3. 茶知識大集合	能正確回答問
(1) 茶職人依照課程活動進行有獎徵答。	題。
(2) 學生分享一日茶農的心得與收穫。	能說出自己的收
(3) 教師總結今日採茶、製茶、品茶活動。	穫。
三、總結活動　　　　　　　　　　　　　　　　　　　　　　　　10	
1. 學生完成「一日小小茶職人」學習單。	能認真完成學習
2. 學生與他人分享自己書寫的學習單內容。	單。

※教師省思：

對於茶的刻板印象，總覺得應該是長輩喜歡的選擇，但在備課過程中發現，其實在日常生活中的冷飲以及手搖飲，茶也佔了一個不可或缺的位置。世界兩大飲品咖啡與茶，各有受眾，而臺灣可以說是茶葉的原生地，因此藉由茶葉的相關課程，能讓學生更深入了解這塊土地。在活動課程中，學生除了覺得新奇有趣之外，也開啓了對茶的敏銳與觀察的視野，學生們也分享家中的長輩是很喜歡喝茶的，藉由這個學習活動，也打開了親子間的共同話題。這跨領域課程的專業與寬廣度深具專業能力，而茶園職人們的協同教學，使整個課程更加完善，學生的學習也更加完整，一起參與活動的老師們也跟著學生上了寶貴的一課，體驗是帶著走的記憶，相信茶產業的文化能因此一直延續下去。

附錄：學生活動紀錄、學習歷程表現

舊經驗複習，學生分享至茶及飲料作物改良場的參訪經驗。	學生踴躍回答何種地形適合種植茶樹。	走訪茶園，親自探訪茶園的體驗。

學生成功摘採一心二葉的茶葉。	學生經過努力的採茶工作，喝上奉茶，茶的味道更甘甜了！	學生認識現今製茶的輔助機械。

學生能挑選合適揉捻的茶葉。	學生揉捻茶葉前，聞一聞茶葉的香味。	學生能用正確的方式揉捻茶葉，進行手工製茶活動。

學生觀察與聞香前的專業茶具擺設。	學生能觀察色，辨別茶色的不同。	學生能聞出不同茶種的香氣與風味。

學生能正確回答有獎徵答的問題。	學生完成茶體驗活動學習單。	學生與同學分享自己書寫的學習單內容。

參考資料：
1. 農業部茶及飲料作物改良場官網
   https://www.tbrs.gov.tw/
2. 『茶跟媽祖金城武有關！？生活中意想不到的茶蹤跡！』-《偵茶事務所》EP4
   https://www.youtube.com/watch?v=jkJw16_zXYM
3. 茶葉知識 - 世界 6 大種茶的發酵與製做過程【六奉茶莊】
   https://www.youtube.com/watch?v=B1vH9oQKeJs
4. 愛喝茶的女孩 CHIAO 泡茶並不難 part 1. 茶道具名稱
   https://www.youtube.com/watch?v=5zfbU2JUC3o
5. 劉伯樂 (2012)。《奉茶》。臺北：青林國際出版。

教案 **4**

「溪」有茶香

王稜吟老師、陳韻茹老師

南投縣立溪南國民小學

（一）教學設計理念

　　學校位於珠仔山 (舊地名生番空)，從清治時期開始都有經營的歷史軌跡，但孩子對茶葉卻是不甚熟悉。學校旁農民栽培大葉種茶樹以製作紅茶爲主，高年級課程結合在地產業進行更深入的認識，並進行茶業製作相關活動，從產地到上桌各年段茶葉相關任務也緊扣了語文教學。藉由任務對在地做關懷，了解我們自己且積累跨出南投的動能。

（二）教學活動設計

實施領域		彈性校訂課程	實施年級	高年級	教學節次	共 5 節
設計依據						

| 學習重點 | 學習表現 | 自 tr-III-1　能將自己及他人所觀察、記錄的自然現象與習得的知識互相連結，察覺彼此間的關係，並提出自己的想法及知道與他人的差異。

自 ai-III-1　透過科學探索了解現象發生的原因或機制，滿足好奇心。

綜 2d-III-2　體察、分享並欣賞生活中 美感與創意的多樣性表現。 | 核心素養 | 【A1 身心素質與自我精進】
自 -E-A1
能運用五官，敏銳的觀察周遭環境，保持好奇心、想像力持續探索自然。]

【B3 藝術涵養與美感素養】
綜 -E-B3
覺察生活美感 的多樣性，培養生活環境中的美感體驗，增進 生活的豐富性與創意表現。 |
| | 學習內容 | 自 INf-III-4　人類日常生活中所依賴的經濟動植物及栽培養殖的方法。
自 INb-III-8　生物可依其形態特徵進行分類。
綜 Bd-III-1　生活美感的運用與創意實踐。 | | |

議題融入	所融入食農教育之概念面項與學習內涵	三面	■農業生產與環境	□飲食健康與消費	■飲食生活與文化
		六項	■農業生產與安全	□飲食與健康	■飲食文化
			■農業與環境	□飲食消費與 生活型態	■飲食習慣
		茶葉相關面向	■產	■製	□銷
			■藝		
		學習內涵	食 E1.　瞭解家鄉農業發展的歷史，認識家鄉的自然環境特色（ 土壤、水源、天氣等自然條件 ）與在地農業生產的關聯。 食 E2.　認識農產品生長過程及農業生產方法的演變，透過農業相關體驗活動，體會農業工作的樂趣與價值。 食 E5.　瞭解農業提供人們糧食、衣物原料、生活能源等各項生活基本需求。 食 E12.　樂於與他人共食，展現分享的情懷，增進與家人、朋友和諧相處的關係。 食 E13.　瞭解食物來源及餐食製備過程中的辛勞，養成惜食與感恩的情懷。 食 E14.　認識基本餐桌禮節，展現良好的進餐習慣。 食 E15.　參與體驗活動、認識家鄉飲食文化，瞭解飲食文化傳承的意義，欣賞與尊重多元飲食文化。		

與其他領域／科目的連結	・核心素養 國 -E-C2 與他人互動時，能適切運用語文能力表達個人想法，理解與包容不同意見，樂於參與學校及社區活動，體會團隊合作的重要性。 ・學習表現 國 6-III-3 掌握寫作步驟，寫出表達清楚、段落分明、符合主題的作品。 ・學習內容 國 Be-III-1 在生活應用方面，以說明書、廣告、標語、告示、公約等格式與寫作方法為主。	
學生學習條件分析	學生在低年級時已有在觀光工廠進行過揉茶的體驗，並針對揉茶時的五感摹寫和語文領域教學結合。 中年級時已參與過高年級在校辦的奉茶活動，並在自然領域接觸植物相關知能的學習。 高年級時結合校訂戶外教育課程，不僅作跨科橫向連結，更與低、中年級時的學習經驗作縱向連結，更預計在六年級時以國際教育，探討茶葉嗜好料作物的創新發展。 茶葉教學不再只是一個點，我們對美的另一種詮釋是擴散的線，交織構成豐富多彩的文化和生活體驗，全面孩子的學習。	
教學前準備	教師準備： 與當地茶農聯絡參訪事宜、製茶用具清潔整理、萎凋 12 小時以上的茶菁、沖泡三類茶。	學生準備： 平板、觸控筆、書寫用具
教材／教具	茶苗盆栽、製茶用具、微波爐、茶具、投影電視、Loilonote 軟體、平板	

學習目標

1. 能對茶苗、茶園與製作步驟的觀察做紀錄、分享，且勇於給他人正向回饋。
2. 能製作精美的茶席邀請函，並且流暢的完成奉茶活動。
3. 以簡報或海報清楚發表製作紅茶的步驟，且提出有趣與辛苦的部分。

教學活動設計

教學活動內容及實施方式	時間	備註
【單元一　認識茶樹】 一、引起動機 　　以學生中、低年級時的茶業課程作品來回憶之前課程的點滴。 　　低年級—飛越年代的採茶舞 　　https://youtu.be/z6M-WWHgark 　　中年級—歌詞改編 　　https://youtu.be/ceP-lreb8dE	5'	飛越年代的採茶舞 茶葉體驗歌詞改編
二、觀察茶苗 1. 分組觀察盆栽內茶苗型態，瞭解茶樹是屬於雙子葉開花木本植物，結合自然領域以校園花草樹木作生活脈絡連結。 　　補充影片介紹： 　　農業部茶及飲料作物改良場 - 數位學習 - 認識茶樹 　　https://youtu.be/QjL8SpsRaik 2. 學生能認識作為製茶原料，具有經濟價值的頂芽及腋芽，且學習以正確動作摘下「一心二葉」。	20'	・準備茶苗盆栽，供學生觀察。

附錄一　茶樹型態　任務單
補充影片介紹：
農業部茶及飲料作物改良場—數位學習—茶葉的製造與加工
https://youtu.be/t9srZeyp4g0

三：茶園巡禮
1. 結合戶外教育走至鄰近茶園，觀察茶園管理栽培方式，及如何人工或機械採茶。
2. 觀察重點：
   行與行間距：方便管理、等距預留茶樹生長空間
   發現敷蓋：花生殼敷蓋防止長雜草
   土壤顏色：適合茶樹的土壤偏紅色

【單元二　製茶流程統合體驗】

一、認識紅茶
1. 說明兒茶素氧化（發酵）程度，將茶類分成不發酵茶、部分發酵茶、完全發酵茶，而紅茶屬於完全發酵茶。
2. 觀察及試喝，教師以風味輪帶學生觀察分類與記錄三種茶類差異。

附錄二　點茗囉！認識臺灣茶 任務單

二、說明紅茶製作流程
1. 說明紅茶製作流程包含：
   摘採 ➡ 室內萎凋 ➡ 揉捻 ➡ 解塊
   ⬇
   包裝 ⬅ 乾燥 ⬅ 補足發酵

補充影片介紹：
農業部茶及飲料作物改良場 - 數位學習 - 茶葉的製造與加工
https://www.youtube.com/watch?v=t9srZeyp4g0

附錄三　紅茶製作步驟　任務單

三、學生體驗紅茶製作：
1. 教師講解與示範紅茶揉捻、解塊方法，學生揉捻並記錄揉捻過程茶菁味道及顏色變化。
2. 揉捻完畢，收集洗手水，觀察水色。

補充影片介紹：
靜星咖啡園手工揉茶
https://www.youtube.com/shorts/K3aKmnyFxvs?feature=shar

四、渥堆發酵及乾燥
1. 茶菁揉捻完畢，噴水保持濕度，放置教室後方渥堆發酵，利用下課時間紀錄茶菁香氣及味道變化。

20'

20'

20'

40'

· 與當地茶農預約參訪茶園地點

· 檢整製茶用笳藶、噴水瓶、微波爐等，並做清潔。

· 教師沖泡綠茶、清香型烏龍茶、紅茶，提供學生觀察茶湯顏色差異。

附錄6　三張風味輪

· 準備萎凋12 小時以上茶菁，每位學生 300 公克，作為製作紅茶原料。

附錄四　五感紀錄　任務單 2. 使用微波爐間歇方式乾燥。	60'	・靜置渥堆時間安排其他課程。
 茶葉平鋪放置瓷盤。	 短時間反覆加熱，避免產生焦味。	 以枝梗是否能折脆斷作為乾燥依據。	20'	・微波爐乾燥方式採短時間多次乾燥，避免燒焦。

【單元三　生活茶藝】

一、認識茶具
1. 介紹泡茶用具，包含茶壺、壺承、茶杯、杯托、茶則、茶針、勻杯及茶盅等，懂得茶具的使用方法。
二、茶席布置
1. 搭配桌巾桌旗、適當位置擺設茶具，布置特色茶席。
2. 練習泡茶步驟：溫壺溫杯、置茶、沖泡、出湯、奉茶。

二、練習泡茶步驟	20'	附錄7　茶席教學用
附錄五　我的茶席　任務單 三、奉茶活動 1. 配合語文領域應用文製作邀請函。 2. 邀請師長、學弟妹入席，完成奉茶活動。 3. 根據奉茶活動，完成自、互評表。 四、綜合活動 1. 各組討論綠茶與紅茶製作過程差異，探討同樣茶樹品種為什麼能做出不同風味茶。 2. 以簡報或海報發表製茶過程與有趣、辛苦的地方。	20'	附錄8　自互評表 ・有參與的師長、同學亦要填寫

參考資料：
郭婷玫、林金池主編。2023。臺灣製茶學。臺北市：五南圖書出版股份有限公司。
郭婷玫、林金池主編。2021。臺灣茶葉感官品評實作手冊。臺北市：五南圖書出版股份有限公司。
茶及飲料作物改良場官網 https://www.tbrs.gov.tw/
食農教育知能手冊 https://fae.moa.gov.tw/files/TeachingPlan/709/A01_1.pdf

【附錄1】茶葉型態
【附錄2】臺灣茶葉認識
【附錄3】紅茶製作步驟
【附錄4】五感紀錄
【附錄5】茶具介紹
【附錄6】風味輪介紹
【附錄7】教師教學用茶具
【附錄8】自互評表

【附錄1】

茶樹型態

此操作附件以LOILONOTE進行

仔細觀察茶樹葉片，畫一片葉片在下面框框中。

茶樹型態：將正確部位名稱放進去

莖

茶芽

第一葉

第二葉

成熟葉

摘採一心二葉要包含：＿＿＿＿＿＿＿＿＿＿

【附錄 2】

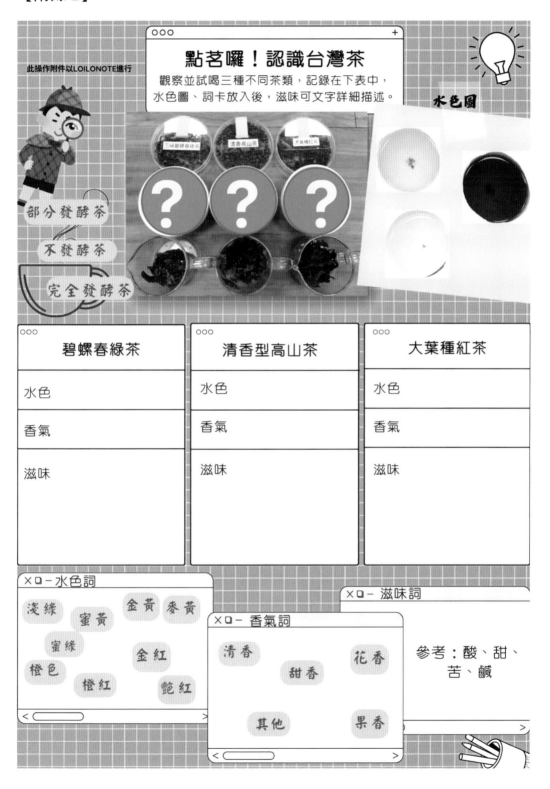

【附錄 3】

此操作附件以LOILONOTE進行

紅茶製作步驟

將下方四個製作步驟，會
進行的動作詞放進框框
中，再放進製作畫面。

1

2

茶葉細胞水分減少，引發化學變化，如兒茶
素類物質氧化、菁味成分揮發、可溶性物質
增加等。萎凋12小時以上茶菁，水分減少約
40%，葉片柔軟，枝梗柔韌對折不斷，可進
行揉捻作業。

3

4

揉捻、解塊

萎凋　　　微波爐乾燥

渥堆發酵

【附錄 4】

五感紀錄

揉捻時

視	綠的 大片張開 ➡
聽	
嗅	
觸	葉脈硬硬的 一開始 ➡

揉捻完

視	聽	
(嗅)	觸	
視	聽	
嗅	觸	
視	聽	
嗅	觸	

【附錄 5】

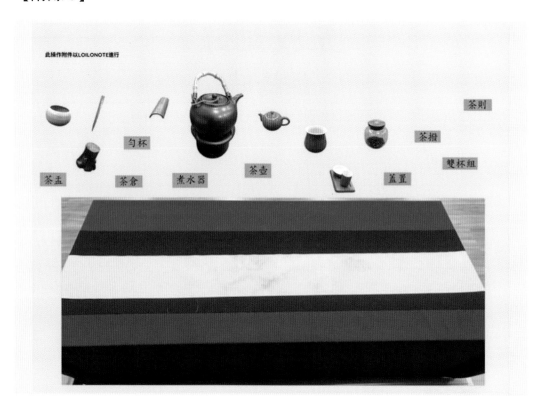

【附錄 6-1】

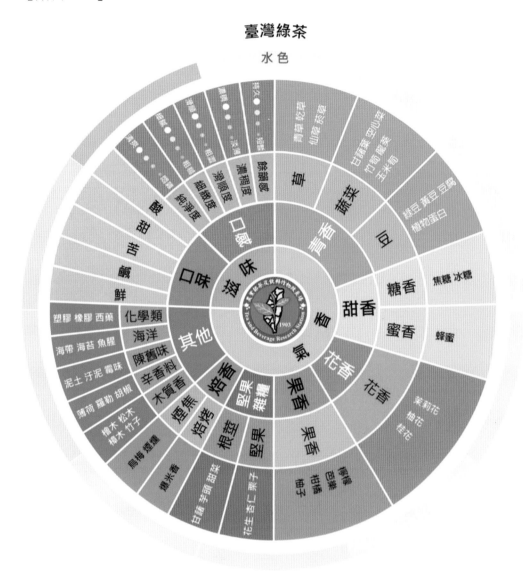

Taiwan Green Tea

新型專利
第M605950號

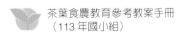

【附錄 6-2】

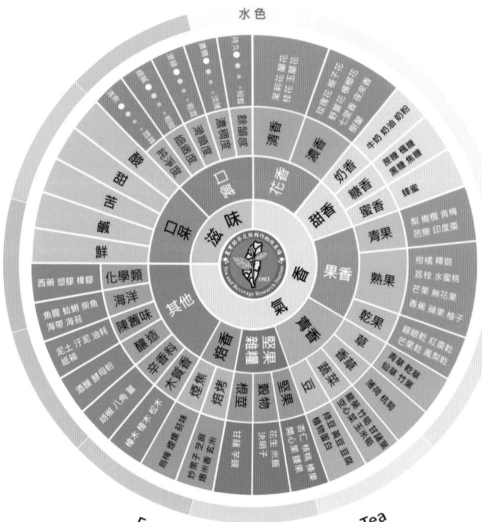

【附錄 6-3】

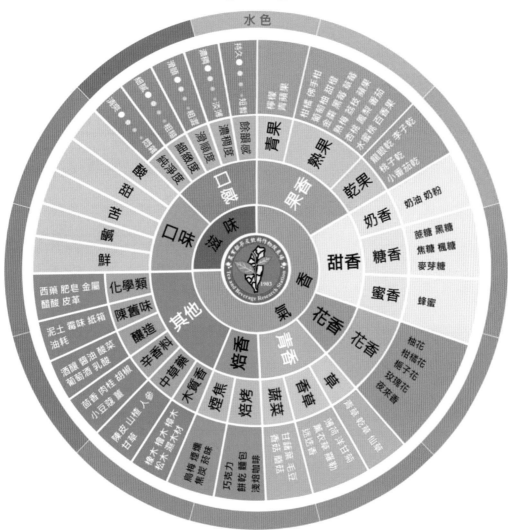

【附錄 7】

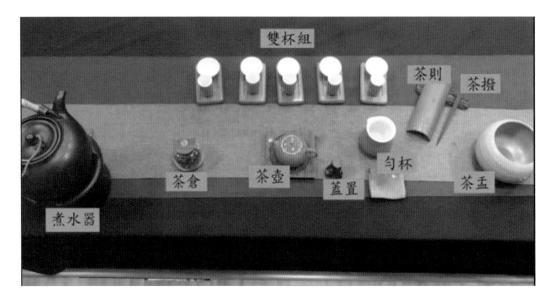

【附錄 7】自互評表

自互評表

	A	B	C	未達C
	能流暢從容地操作完整的動作。	能正確的操作完整的動作。	能大部分正確的操作完整的動作。	未達 c 等級
溫壺				
置茶				
沖泡				
分茶湯				

一縷茶香　百年繚繞

杜弘毅教師

臺南市立崑山國民小學

（一）教學設計理念

　　臺灣以其多變的氣候和豐饒的土壤，孕育出一種種風味獨特的茶葉。在農政機關及茶農的努力之下，各地茶葉品質日益精進，從北到南，碧螺春、文山包種茶、東方美人茶、四季春、凍頂烏龍等等，在國內外名聞遐邇。茶是生活中熟悉的飲品，期盼透過課程，除了讓學生了解臺灣茶的特色與種類，也能創作出品茗與茶類料理相關作品。

（二）教學活動設計

實施領域		跨領域（國語、社會、綜合、自然及藝術與人文）	實施年級	高年級	教學節次	共 4 節
設計依據						
學習重點	學習表現	國 1-III-1　能夠聆聽他人的發言，並簡要記錄。 國 2-III-7 與他人溝通時能尊重不同意見。 國 6-III-3　掌握寫作步驟，寫出表達清楚、段落分明、符合主題的作品。 社 3a-III-1 透過對時事的理解與省思，提出感興趣或令人困惑的現象及社會議題。 社 3c-III-1 聆聽他人意見，表達自我觀點，並能與他人討論。	核心素養		【A1 身心素質與自我精進】 社 -E-A1 認識自我在團體中的角色，養成適切的態 與價值觀，並探索自我的發展。 【A2 系統思考與解決問題】 綜 -E-A2 具備探索問題的思考能力，並透過體驗與實踐處理日常生活問題。 【A3 規劃執行與創新應變】 國 -E-A3 運用國語文充實生活經驗，學習有步驟的規劃活動和解決問題，並探索多元知能，培養創新精神，以增進生活適應力。 社 -E-A3 探究人類生活相關議題，規劃學習計畫，並在執行過程中，因應情境變化，持續調整與創新。 【B3 藝術涵養與美感素養】 國 -E-B3 運用多重感官感受文藝之美，體驗生活中的美感事物，並發展藝文創作與欣賞的基本素養。 【C2 人際關係與團隊合作】 社 -E-C2 建立良好的人際互動關係，養成尊重差異、關懷他人及團隊合作的態 。 綜 -E-C2 理解他人感受，樂於與人互動，學習尊重他人，增進人際關係，與團隊成員合作達成團體目標。		
	學習內容	國 Ac-III-4 各類文句表達的情感與意義。 社 Ab-III-1 臺灣的地理位置、自然環境，與歷史文化的發展有關聯性。 社 Ca-III-2 土地利用反映過去和現在的環境變遷，以及對未來的展望。 綜 Ab-III-1 學習計畫的規劃與執行。 綜 Bb-III-1 團體中的角色探索。 綜 Bb-III-2 團隊運作的問題與解決。				

<table>
<tr><td rowspan="7">議題融入</td><td colspan="2" rowspan="7"></td><td>核心素養</td><td>【C3 多元文化與國際理解】
社 -E-C3
具備理解與關心本土與國際事務的素養，並認識與包容文化的多元性。</td></tr>
</table>

議題融入	實質內涵	• 戶外教育【有意義的學習】 　戶 E1 善用五官的感知，培養眼、耳、鼻、舌、觸覺及心靈對環境感受的能力。 • 環境教育【環境倫理】 　環 E3 了解人與自然和諧共生，進而保護重要棲地。		

議題融入 ─ 所融入食農教育之概念面項與學習內涵

三面	■農業生產與環境	□飲食健康與消費	■飲食生活與文化
六項	■農業生產與安全	□飲食與健康	□飲食文化
	■農業與環境	□飲食消費與 　生活型態	■飲食習慣

茶葉相關面向	□產	■製	□銷
	■藝		

學習內涵	食 E1. 瞭解家鄉農業發展的歷史，認識家鄉的自然環境特色（土壤、水源、天氣等自然條件）與在地農業生產的關聯。 食 E3. 描述家鄉農產品的特色，並分析進口與國產農產品的差異。 食 E4. 瞭解農業對環境保護及永續發展的價值與重要性。 食 E12. 樂於與他人共食，展現分享的情懷，增進與家人、朋友和諧相處的關係。 食 E13. 瞭解食物來源及餐食製備過程中的辛勞，養成惜食與感恩的情懷。

與其他領域／科目的連結	• 核心素養 【B1符號運用與溝通表達】 　自 -E-B1 能分析比較、製作圖表、運用簡單數學等方法，整理已有的自然科學資訊或數據，並利用較簡單形式的口語、文字、影像、繪圖或實物、科學名詞、數學公式、模型等，表達探究之過程、發現或成果。 • 學習表現 　自 tr-III-1 能將自己及他人所觀察、記錄的自然現象與習得的知識互相連結，察覺彼此間的關係，並提出自己的想法及知道與他人的差異。 • 學習內容 　自 INg-III-1 自然景觀和環境一旦被改變或破壞，極難恢復。
學生學習條件分析	(1) 學生有不同學習程度的差異，但多數有喝手搖飲的經驗。 (2) 學生對臺灣茶的發展歷程與軌跡有不同程度的認知。
教學前準備	教師準備： 課前先準備臺灣茶相關的教學影片與資料。　　　學生準備： 預先了解臺灣茶的種類及特點。
教材／教具	PPT 簡報、影片、電腦

學習目標

認知方面：
1. 對於臺灣茶的分類分級，並於觀察後表達個人想法和情感。
2. 學生能藉由討論的模式，達成自發、互動、共好的目標。
3. 了解臺灣茶的發展歷程與軌跡，在潛移默化中達到多元思辨的效果。

情意方面：
1. 能踴躍參與課程活動。
2. 能樂於學習尊重、包容與溝通的態度。
3. 能運用五官，敏銳的觀察周遭環境，保持好奇心、想像 。
4. 尊重與理解各種不同之觀點。
5. 透過生活美學的涵養，使藝術生活化，生活藝術化，期盼陶冶學生成為一位終身學習者。
6. 覺察生活美感、藝術人文的價值，對美術與美感同步增能，並能內省思維進一步關懷社會，積極創造美感環境。

技能方面：
1. 能主動記下個人感想及心得，並對作品內容摘要整理。
2. 能發展仔細聆聽與歸納要點的能力。
3. 能針對問題，增進討論與口語表達的能力。
4. 能針對問題，養成獨立思考、理性判斷的能力。
5. 瞭解與學習正向溝通的方法。

教學活動設計		
教學活動內容及實施方式	時間	備註
【第一節課——茶顏觀色之臺灣出好茶】 【準備活動】 　教師播放：『臺灣第一個經濟奇蹟！？臺灣茶外銷全世界的秘密！』-《偵茶事務所》EP3 　https://www.youtube.com/watch?v=GbD7HjavcA4 教師提問 1. 詢問學生最喜歡喝哪一種手搖飲？在黑板寫出奶茶、紅茶、綠茶、烏龍茶，請學生舉手，並統計學生喜好。 2. 是否確實知道喜歡喝的茶，茶葉來自哪裡呢？ 　請學生嘗試回答並分享心得。 　教師說明：市面上，手搖飲料店的茶葉來源，普遍都會有使用進口茶葉或國產與進口茶葉混調的方式處理，並強調茶葉屬於農產品，會因產季或氣候影響而在風味上有所差異。之前，多家連鎖飲料店茶葉原料驗出農藥超標等事件，都使民眾開始關注茶葉的安全問題。 【發展活動】 　教師說明：臺灣茶的種類及分類分級系統 1. 臺灣特色茶製茶加工製程介紹——臺灣茶因風土氣候、栽植品種及加工方法的不同，造就出多樣性的茶類，依照加工製程之不同，主要可歸類為六大茶系。 　⑴臺灣綠茶：代表茶類為三峽碧螺春綠茶。 　⑵清香型條形包種茶：代表茶類為文山包種茶。 　⑶清香型球形烏龍茶：代表茶類為高山烏龍茶。 　⑷焙香型球型烏龍茶：代表茶類為凍頂烏龍茶、鐵觀音茶、紅烏龍茶。	4分 4分 2分 5分	學生積極參與，透過敏銳觀察，能從影片中找出臺灣茶外銷全世界的秘密 學生能根據自己的想法踴躍發表 學生專心聆聽

⑸ 東方美人茶：代表茶類為石碇及桃竹苗地區所產的東方美人茶，又稱白毫 　　烏龍茶。 ⑹ 臺灣紅茶：代表茶類為日月潭紅茶、小葉種紅茶、蜜香紅茶。		
2. 不同發酵程度茶葉介紹 　⑴ 不發酵茶：不發酵茶主要以綠茶為主，臺灣綠茶產地以北部為主要產區， 　　如碧螺春及龍井等，以條形為主，少數為片狀。 　⑵ 部分發酵茶：是讓茶菁過一段時間發酵才加熱停止酵素作用，熟知的烏龍 　　茶、包種茶、東方美人茶都是部分發酵茶。 　⑶ 全發酵茶：是讓茶菁的酵素全部發酵完畢，紅茶就是全發酵茶，臺灣主要 　　以中部南投為產區。	3分	學生專心聆 聽
教師播放：臺灣特色茶主要產區 https://www.youtube.com/watch?v=q9RPagHcqqU	5分	學生專心觀 看影片
3. 臺灣茶分類分級系統 　臺灣茶業發展近四百年，為完善茶葉分級制度，使消費者更容易了解茶的風 味特色；並結合產銷履歷，達到產品安全，產地明確，消費者安心的三贏局 面，因此建立臺灣茶分類分級系統，期能一次解決「安全、國產及產品分類 分級」的問題，形成一個可供國內外愛茶人士，深入了解臺灣茶並安心購買 之系統，建全臺灣茶產業發展。	2分	
4. TAGs 核心價值： 　●安全：生產製造過程全部可追溯且藥檢合格，消費者可以安心飲用。 　●國產：參加此系統之茶葉須通過產銷履歷驗證、有機認證或具有茶葉產地 　證明標章，確保為臺灣在地生產之產品。 　●產品分類分級：由專家所組成之評審團進行評審，依據本場建置之茶葉風 　味輪來描述茶葉之風味，製作風味說明圖卡，勾勒臺灣不同地區茶葉之特色 　並加以分類分級，讓消費者能更輕鬆體會了解並認同分類分級結果。	4分	學生專心聆 聽
教師播放：臺灣茶分類分級系統簡介推廣影片 https://www.youtube.com/watch?v=1ZpzqzTc3QQ	4分	學生專心觀 看影片
【綜合活動】 　學生分組討論喝臺灣茶的好處，並分享自己的想法與感受。	5分	
教師鼓勵學生互相交流和學習，並透過觀察學生的發言、互動，評估學生對 表達能力和對臺灣茶的理解，並加以統整本堂課所學。		學生積極討 論，並分享 經驗
教師總結： 茶葉的生長環境對於茶葉的品質和風味至關重要。臺灣的高海拔地區提供了 茶葉所需的理想日照和氣溫變化，使茶葉生長得更加緩慢，茶葉葉片倍加 肥厚，同時也讓葉片中的芳香成分得以累積。而降雨量適中的環境確保了茶 葉的水分供應，使茶葉的滋潤度更加豐富。此外，臺灣多變的地形和土壤質 地，如火山灰土壤、石灰岩土壤等，都對茶葉的口感和風味產生著深遠的影 響。	2分	學生專心聆 聽

為了使民眾的選擇更有保障，茶改場也持續推動產地標章及溯源系統。產地標章雖由各核發單位自行進行張貼管控，但訂有核發規範，規定申請茶品需提出在地生產相關證明，且農藥殘留量需符合國家標準，更需進行官能品評確認品質，並不定期進行品質抽驗與標章流水號查驗，以提升消費者權益。此外，友善環境是世界趨勢，各國皆積極推動有機栽種、自然農法，希望減少農藥化肥的使用，讓土地能夠永續利用，萬物得以生存下去。

～第一節結束～

【第二節課──品味生活之探索臺灣茶】

【準備活動】

教師播放：

『茶跟媽祖金城武有關！？生活中意想不到的茶蹤跡！』──《偵茶事務所》EP4

https://www.youtube.com/watch?v=jkJw16_zXYM

教師說明：「茶」在生活中無所不在，茶的姿態、韻味與芬芳，更滋潤我們的日常，只是大家都習以為常。

5 分

1 分

學生積極參與，透過敏銳觀察，能從影片中思索在生活中與臺灣茶之間的關聯性

【發展活動】

臺灣的茶歷史已發展上百年，是臺灣重要的經濟作物，橫跨清領時期→日治時期→民國時期，教師引導學生了解臺灣茶歷史。

一、教師說明臺灣茶歷史

1. 清領時期

19 世紀中淡水港開放通商之後，才有臺灣茶正式的外銷紀錄；但當時臺灣茶葉多為粗製茶（又稱毛茶），需運往福建、廈門加工成精製茶後再轉運。隨著福建安溪移民的遷入，以及英國商人約翰杜德 (John Dodd) 來臺考察樟腦產地時，同時移植茶苗、提供製茶技術並設立精製茶廠。臺灣茶業漸漸開始系統化、精緻化，並開始外銷走向國際，當時外銷的茶就叫做「Formosa Tea」，而臺灣的茶葉與貿易重心慢慢從南部轉移至北部。

2. 日治時期

日本統治臺灣時，陸續成立的相關試驗場，是臺灣茶葉製造與茶樹栽培科學研究的開端。臺灣茶業開始科學化，除了製茶、品種及栽培技術等改良外，也引進製茶機械、設立出口茶檢驗制度、茶葉傳習所，將臺灣茶的品質進一步提升，主要以青心烏龍、青心大冇 (音同某)、大葉烏龍、硬枝紅心四大品種作為重點培育，也大力推廣臺灣紅茶，為將來臺灣茶業的蓬勃發展打下紮實的根基。

3. 民國時期至今

第二次世界大戰後，各國茶業市場皆受到重創，製茶產業尚未復原，但臺灣茶業靠著之前累積的基礎與民間、政府的相互配合，茶園迅速復耕、工廠恢復產能，讓臺灣茶有機會殺出重圍在國際間嶄露頭角，造就了民國初期茶葉比黃金值錢的盛況。

民國六十年開始，外銷量開始降低，政府開始鼓勵茶農們轉戰內銷市場，自產自銷。

到現在，茶不再是皇親貴族的專利，而是融入我們的生活，像是近代流行的泡沫紅茶文化，更是在國際發揚光大，外國人第一個想到的臺灣美食通常都是珍珠奶茶，也讓世界各國見證臺灣的軟實力

10 分

學生專心聆聽，也可針對不了解之處提問

教師播放： 臺北大稻埕製茶工廠精緻烘焙法飄香百年臺灣茶 https://www.youtube.com/watch?v=Z9S5G9rVjoY 二、教師說明製茶流程 　　教師說明：獨特的山嵐氣，流動著臺灣茶的香味，透過繁複的揉捻工序，細膩呈現甘滑厚實的口感。 　　製茶流程：日光萎凋→室內萎凋及浪菁→殺菁→揉捻→初乾→團揉→再乾燥→揀茶梗烘焙成精緻茶。 1. 日光萎凋：利用太陽的日光來曬，加速茶菁含水分消散，萎凋程度以葉面光澤消失、茶菁柔軟。 2. 室內萎凋及浪菁：將茶菁收到室內，讓茶菁回溫，靜置其 3. 間必須浪菁，將茶翻動，讓葉面與葉面相互摩擦，走水平均，引起細胞破損，新鮮空氣容易進入促進發酵、化學變化，產生香氣及滋味。 4. 殺菁：主要是茶葉發酵到香氣最高時，讓香氣、滋味保有，所以用高溫來破壞酵素活性，抑制繼續發酵。 5. 揉捻：茶葉炒菁完成出鍋後，用手翻動使熱氣消散，揉捻時破壞部分細胞，讓汁液附於表面，沖泡時更容易溶出其茶湯，甘醇滋味。 6. 初乾：將初揉捻好的茶葉解塊，放入「甲種」或「乙種」乾燥機，初乾至茶葉表面無水，握之柔軟有彈性不黏。 7. 團揉：將初乾的茶葉，加熱回軟，裝入布球袋中，揉成圓球、解袋、鬆茶，同樣的動作來回多次後，逐漸捲曲成半球型，條索也因此愈緊結。 8. 再乾燥：利用高溫停止炒菁時所留之酵素活性，使茶葉不再繼續發酵，並固定茶葉品質。利用乾燥或焙火之火候改善茶葉之香氣及滋味，去除菁臭味及減輕澀味，並使茶湯水色澄清亮麗。 9. 揀茶梗烘焙成精緻茶：最主要是在於不改變茶葉原有香氣、品質原則下，使茶業保存較久，使品質保持一定水準，廣獲消費者肯定精製茶。若香味較不足時，可以經過烘焙技術提高茶葉品質，使茶葉甘醇略帶烘火香。 教師播放：製茶 | 高山茶製作過程 |「香軒製茶廠」Production of Taiwan High Mountain Tea https://www.youtube.com/watch?v=7RXbwBB91wA 【綜合活動】 1. 學生分組討論曾經品嚐過那些茶類製品或料理，並分享經驗與想法。 2. 教師鼓勵學生互相交流和學習，並透過觀察學生的發言、互動，評估學生對表達能力和對臺灣茶的理解，並加以統整本堂課所學。 ～第二節結束～ **【第三及第四節課——藝遊味浸之幸福好食光】** 【準備活動】 　　教師說明： 　　料理是記憶的釋放，情感的舒展，蘊含了哲理，詮釋了人生！歲月的痕跡行走在家裡的餐桌上，雖無聲卻載動著鏤刻的雋永。	5分 8分 4分 7分	透過觀看影片，對臺灣高山茶烘焙過程有更進一步的了解 學生專心聆聽，也可針對不了解之處提問 透過觀看影片，對臺灣高山茶製作過程有更進一步的了解 學生積極討論，並分享經驗

食物的原點，最初的想念！驀然回首，那些觸動心弦的往事，無一不深印在腦海裡，就像倒片機一般，無聲，卻在心底回溯。透過生活情境的引導，讓學生能夠瞭解飲食文學並不是空泛的，而是每個人可以做到的經歷書寫，透過觀察，開啟生命的一扇扇風景，透過回憶食物，喚起食物與背後的生命經驗，使食物與情感連結，學會尊重與感謝家人的付出。

【發展活動】
飲食文學已經流行一陣子了，書寫內容真正要懷念的不是食物的味道，而是，那些潛藏在食物底下的那些執著真摯的情感。這是第一次讓同學試作，這是因為吃美食是每天例行的，大家對此都有豐富的經驗，再加上電視美食節目、報章雜誌飲食文學專欄的推波助瀾，教師以自己的作品為例子來說明（附件一——感恩與思念的好味道），
食物之所以吸引人，除了它本身的味道，還有一個原因就是食物承載著對人的期待和關懷。媽媽的一碗清湯麵、外婆的一盤醬牛肉、家人的一道家常菜。每個人都有最喜歡吃的食物，到今日為止讓你最難忘記的一道菜是誰給你做的？請同學針對自己印象最深刻的料理來寫作。
教師與同學共同討論寫作大綱。

（以下各段重點參考用，學生可依照自己想法創作。）
題目：我最喜歡（難忘）的一道菜
第一段：隨著時間的逝去，現實的喜怒哀樂淡成被封存在人內心的最深處，而美食像是一把鑰匙，能打開記憶的寶庫。
第二段：美食是有溫度的，傳遞著細微卻有力的情感！描述自己對此菜印象深刻的原因。
第三段：說明此道美食與家人之間的關聯性，或說明這道美食的料理方式或口感。
第四段：感恩、感謝家人的付出，這道料理永遠是我記憶裡幸福的親情味道。不論是悲傷或快樂，我們都會互相扶持和鼓勵，品嚐美食就是全家人最溫馨的時刻。

寫作參考成語：
胃口大開、食指大動、垂涎三尺、垂涎欲滴、
津津有味、狼吞虎嚥、細嚼慢嚥、大快朵頤、
山珍海味、齒頰留香、杯盤狼藉、饑腸轆轆、
香味撲鼻、回味無窮、入口即化、拭目以待。

【綜合活動】
學生創作：學生針對自己選定的茶類美食料理進行創作。
教師走動式巡視，引導學生精練或修改句子。

教師總結整個課程所學。
關於茶類的料理蘊藏著生命深邃記憶的滋味，可說是承載感動的家傳美味！咀嚼入口的，不光只是味覺上的酸甜苦辣，而是記憶裡的家人的互動，或者是家人團聚在一起的美好滋味。在同學描述的一道又一道的菜餚間，我們不但墜入了時光隧道，也看見每位同學的成長故事，還有對童年、對親人之間的遺憾、想念與感恩。

～第三節及第四節結束～

參考資料：
一、參考書籍：
1. 林世煜、陳煥堂《臺灣茶 =Formosa Oolong Tea /》臺 市：貓頭鷹出版 。
2. 李玉瑩（2007）《細味：食物往事追憶》臺 市：天行者。
3. 廖慶樑（2013）《臺灣茶聖經》臺 市：揚智文化。
4. 林宗億（2013）《臺灣茶 你好 =Permanent revolution of tea /》，時報文化。
5. 黃怡嘉（2017）《臺灣茶事》盈記唐人工藝出版社。
6. 凌煙（2019）《舌尖上的人生廚房：43 道料理、43 則故事，以味蕾交織情感記憶，調理人間悲歡》臺 市：聯經出版公司。
7. 鄒芷茵（2019）《食字餐桌》臺 市：後話文字工作室。
8. 行政院農業委員會茶業改良場（2023）《臺灣茶作學》臺 市：五南圖書出版。

二、參考網站：
1. 臺灣部茶及飲料作物改良場 https://www.tbrs.gov.tw/ws.php?id=4748
2. 鶴茗茶葉 https://www.hemitea.com/
3. 尤揚茶莊 https://www.youyangteahouse.com
4. 香軒製茶廠 https://www.facebook.com/xiangxuantea/
5. 食農教育知能手冊 https://fae.moa.gov.tw/files/TeachingPlan/709/A01_1.pdf
6. 食力 https://www.foodnext.net/issue/4739529557
7. 農業知識入口網 https://kmweb.moa.gov.tw/subject/subject.php?id=324
8. SGS 安心資訊平臺 https://msn.sgs.com/Knowledge/FOOD/6328
9. 天下第一好茶 https://www.besttea1.com/pages/
10. 臺灣茶業網 https://teatea.com.tw/

附錄：
附件一（教師作品）

感恩與思念的好味道

杜弘毅老師

越經世事浮沉，越經心靈的思索，那些難忘回憶，恆在我心田川流。從小到大，因為父母工作的緣故，都是阿嬤無怨無悔長期默默付出辛勞，無微不至照顧著我。因此，當我通過教師甄試成為正式老師時，為了感恩阿嬤的辛勞，我請阿嬤到一間小餐館用餐。

阿嬤點了茶香三杯雞，店家將薑片和蒜片煸出迷人的辛香，融入醃的入味、多汁 Q 彈的雞腿肉，爆炒過後收汁收得恰到好處，雞肉紮實柔嫩，美好滋味著實令阿嬤相當感動。此時我才知道，原來爺爺生前是個總鋪師，凡事嚴格要求按部就班、慢工熬出好味道，只想要給客人高品質料理，而三杯雞更是爺爺最拿手的手路菜。對阿嬤而言，茶香三杯雞交織出跨越時空延續，這是充滿愛與思念的味道，也稍解阿嬤思念牽手之情。

之後，阿嬤因癌症末期而住進安寧病房，在實際刻骨銘心體會到生死別離、生命不再回頭的當下，也使我領悟到許多事。阿嬤住在安寧病房的日子，因為長期注射各種藥物的因素，加上已是癌末的關係，阿嬤其實已經不太記得我，但我還是想要抱抱阿嬤，因為她是我最親最愛的阿嬤！而阿嬤對醫院為病人精心調配提供的餐點興致缺缺，胃口也明顯變差，但每次阿嬤只要看到我買三杯雞便當給她，或許是看到鮮嫩的三杯雞，好似混沌世界突生光輝，悒鬱黯悶悄然引退，臉上緩緩浮現祥和溫潤氣色，阿嬤會愉悅的一口接一口把便當吃完，完全沉浸在幸福悠然的時光。我想，人生的病痛無法避免，當面對必朽的生命，透過三杯雞，多少能讓阿嬤抒發壓抑的情感，藉此重新尋找生命的意義與價值。我深刻體會到，別等到失去，才說對不起；別把我愛你，留給來不及，因為那些未曾珍惜的，錯過就再也回不來了。

午後的天空一片灰雲，天空開始堆起灰色雲朵，灰濛濛的天和黃澄澄大地糾結在一團，像是山雨欲來的徵兆，而生死輪迴，往往流轉於無常間！失去親人，是每一個人生命歷程中，不能承受之痛。若非親身經歷，永遠難以理解那是怎樣錐心刺骨的感受，何況面對自己至親。

　　如今，當我輕攏歲月的薄紗，鋪開記憶的畫卷，溫一盞歲月的暗香，對於往事的憶念在此刻全都襲上心頭。哀傷淚水是會過去的，追憶思念雖然仍會隱隱作痛，但我由衷深刻感謝阿嬤在苦難中給我安慰，在彷徨中給我智慧，啟發我的愛心，讓我更懂得如何去愛與關懷。而這些日子，思念阿嬤似乎就跟茶香三杯雞畫上等號。每當我思念阿嬤時，我就會去品嘗三杯雞。在香氣四溢中，那永遠熟悉的好味道，如同阿嬤與我相伴不斷跳動著味蕾，感恩那寧靜而和諧的幸福，雖平淡卻是純摯的篇章。

教學評量設計：
課程學習效果的評量方式多元化，有學習態度、分組討論、個別與分組回答、心得寫作與分享等等，評核是否達到擬定之課程目標。經由師生及同儕的對話和討論，讓學生能從同儕交流中，完成擷取訊息、統整解釋、省思評鑑等歷程，也讓學生學習發表意見，尊重彼此的看法，並將小組討論的成果與同儕分享，不但讓不同特質的學生都有發揮的機會，也讓學生有不同形式的學習成效展現，並做為課程改進的依據。

教案6

臺灣茶文化探索：從歷史到永續

黃宏輝、李靜怡、吳亭儀

臺北市立民生國民小學

（一）教學設計理念

　　首先，透過介紹臺灣茶的主要種類和其歷史背景，培養學生對茶葉製作和風味的認知。其次，通過品茶體驗，培養學生的感官和品評能力，加深對臺灣茶文化的感受與理解。最後，融入永續發展議題，引導學生思考茶葉生產與環境保護之間的關係，並提倡解決問題的態度，使其成為具有全球視野的永續發展推動者和茶文化的傳承者。

（二）教學活動設計

實施領域		社會領域	**實施年級**	高年級	**教學節次**	共 3 節
設計依據						
學習重點	學習表現	社會 2a-III-1 關注社會、自然、人文環境與生活方式的互動關係。 社會 3d-III-2 探究社會議題發生的原因與影響，評估與選擇合適的解決方案。		核心素養	【B3 藝術涵養與美感素養】 社 -E-B3 體驗生活中自然、族群與文化之美，欣賞多元豐富的環境與文化內涵。 【C3 多元文化與國際理解】 社 -E-C3 了解自我文化，尊重與欣賞多元文化，關心本土及全球議題。	
	學習內容	社會 Ab-III-1 臺灣的地理位置、自然環境，與歷史文化的發展有關聯性。 社會 Ce-III-1 經濟型態的變遷會影響人們的生活。				

議題融入	實質內涵	• 環境教育【環境倫理】 環 E1 參與戶外學習與自然體驗，覺知自然環境的美、平衡、與完整性。 環 E2 覺知生物生命的美與價值，關懷動、植物的生命。		
	所融入食農教育之概念面項與學習內涵	三面	■農業生產與環境	■飲食健康與消費	■飲食生活與文化
		六項	■農業生產與安全	□飲食與健康	□飲食文化
			■農業與環境	■飲食消費與生活型態	■飲食習慣
		茶葉相關面向	■產	■製	■銷
			■藝		
		學習內涵	食 E1. 瞭解家鄉農業發展的歷史，認識家鄉的自然環境特色（土壤、水源、天氣等自然條件）與在地農業生產的關聯。 食 E4. 瞭解農業對環境保護及永續發展的價值與重要性。 食 E10. 瞭解食物從農場到餐桌的過程，辨別及選擇對環境較低傷害的農產品。 食 E11. 瞭解飲食對個人的重要性，培養並展現食物選擇能力。		

與其他領域／科目的連結	【自然領域】、【綜合領域】	
學生學習條件分析	1. 五年級學生對茶葉課程已經具備了一定的學科基礎知識，包括閱讀、社會等。他們透過課程理解了茶葉歷史和永續發展目標，但對於進行深入的討論和思考，可能需要更多的具體經驗和體驗來拓展知識的吸收。 2. 五年級的學生可能有不同的學習偏好，包括視覺型、聽覺型、動手型等，需要提供多元化的學習體驗來滿足他們的需求。	
教學前準備	教師準備： 1. 簡報、影片 2. 茶具、茶葉、茶包	學生準備： 1. 社會課本 2. 筆
教材／教具	1. 簡報、影片 2. 茶具、茶葉、茶包	

學習目標

第一節課：臺灣茶葉香傳千里
1. 理解臺灣茶的主要種類，包括烏龍茶、紅茶、綠茶等，並能夠描述其製作特色和風味。
2. 了解陶德與臺灣烏龍茶的歷史，以及其在臺灣茶業發展中的重要性。
3. 通過小組競賽搶答，加深對臺灣紅茶歷史和特色的理解，並提高合作和競爭能力。

第二節課：品嘗臺灣茶的美味
1. 經由認識小綠葉蟬和觀賞蜜香紅茶的影片，了解臺灣茶葉生長環境和特色。
2. 透過用五感辨別蜜香紅茶的活動，培養學生的觀察和辨識能力。
3. 體驗品嘗臺灣各種茶葉的活動，提升學生的品茶品評能力，並促進對臺灣茶文化的理解和欣賞。

第三節課：臺灣茶與永續發展
1. 認識永續發展目標中與臺灣茶葉相關的項目，如永續城鄉與社區、負責任的生產與消費等。
2. 理解農業生產的環境永續行動，並探討其在臺灣茶葉生產中的應用。
3. 透過小組發表永續行動方案，培養學生的問題解決和創新思維能力。

教學活動設計

教學活動內容及實施方式	時間	備註
【第一節課：臺灣茶葉香傳千里】 (一)引起動機：臺灣茶種介紹 　　以簡報圖片及影片介紹臺灣茶的主要種類，如烏龍茶、紅茶、綠茶等，並講解其製作特色和風味。 	10'	能透過影片及介紹，約略掌握臺灣茶的特色。

（二）發展活動：陶德與臺灣烏龍茶

影片介紹臺灣烏龍茶的歷史，以及大稻埕在臺北市的位置和歷史背景，介紹其作為茶葉交易的重要地點。

1. 1865 年，英國商人約翰陶德來到了臺灣北部的丘陵地。
2. 陶德和李春生說服木柵一帶的居民轉種茶葉。
3. 為了改善茶葉品質，陶德還聘請福建的製茶師與茶工來到臺灣。
4. 陶德也設立茶廠，並且投資製茶設備，提升茶葉品質。
5. 1869 年，陶德與李春生利用兩搜帆船，載運了約十二萬九千公斤的烏龍茶到美國紐約販售。
6. 大稻埕成為洋行、茶商的集中地，茶葉躍居外銷的最大宗，也帶動北臺灣的經濟發展。

（三）綜合活動：臺灣紅茶的身世歷史探索

小組競賽搶答猜一猜：

1. 臺灣紅茶最早是在哪個時期被引進臺灣的？
2. 臺灣紅茶最著名的產地是哪裡？
3. 灣紅茶的製作過程中，茶葉需要經歷哪些步驟？
4. 臺灣紅茶的特色是什麼？與其他紅茶有何不同？
5. 臺灣紅茶在世界茶市中的地位如何？是否有著一定的國際知名度？
6. 臺灣紅茶的品種有哪些？各有什麼特點？
7. 臺灣紅茶的製作過程中，對茶葉的採摘有何要求？
8. 臺灣紅茶在臺灣文化中有何地位？是否有特定的節日或活動與其相關？
9. 臺灣紅茶在餐飲中的應用有哪些？有沒有一些經典的搭配建議？
10. 臺灣紅茶在當地經濟中的作用如何？對當地茶業發展有何影響？

—第一節課結束—

【第二節課：品嘗臺灣茶的美味】

（一）引起動機：認識小綠葉蟬

觀賞蜜香紅茶的影片

右欄（時間與目標說明）：

15'	透過介紹及學習，知道臺灣茶的歷史與變遷。
15'	能對臺灣紅茶建立初步的知識體系
10'	能知道小綠葉蟬的特色與對茶的功效。
20'	能辨別出臺灣蜜香紅茶的特色。

(二) 發展活動：用用五感辨別蜜香紅茶 　　說一說，你是如何辨別哪一杯是蜜香紅茶？  　　答：顏色較深、香味較濃、喝下去有蜜香……。 (三) 綜合活動：用五感品嘗蜜香紅茶的美味  安排品嚐臺灣各種茶葉的活動，讓學生嘗試兩到三種的臺灣茶，感受其風味特色，並進行簡單的品評。 —第二節課結束— **【第三節課：臺灣茶與永續發展】** (一) 引起動機：認識永續發展目標 1. 說一說，永續發展目標 11- 永續城鄉與社區、永續發展目標 12- 負責任的生產與消費和臺灣茶葉有什麼關係？ 2. 還有其他永續發展目標和臺灣茶葉有關係嗎？	10' 10' 20'	能喝出並說出蜜香紅茶的美妙滋味。 能知道哪些永續發展目標與臺灣茶有關聯。 能知道臺灣目前進行的永續農法 能和小組討論臺灣茶的永續農法方案。

（二）發展活動：永續的臺灣茶葉 　　目前農業生產的環境永續行動如下： 1. 過去，有些農業生產者為了防治病蟲害與增加產量，大量地使用殺蟲劑、除草劑及化學肥料，造成水源與土地的汙染，也對人類和動植物造成傷害。 2. 現在，為了減少環境汙染、與環境共生，在農業生產過程中，有些生產者以人工除草、使用有機肥料等方式來種植作物，兼顧自然生態的維護與食用者的健康。 （三）綜合活動：發表永續行動 　　請小組用六何法想問題，並上臺說一說臺灣茶葉如何進行永續行動方案。 1. WHEN(何時) 例：臺灣何時開始重視茶葉的永續農法？ 2. WHERE(何地) 例：臺灣有南投和花蓮的茶農種植茶葉有兼顧到環境永續經營。 3. WHO(何人) 例：你知道有哪些人為了茶葉和環境永續做努力？ 4. WHAT(何事) 例：茶農為了環境永續做了哪些事？ 5. WHY(為何) 為什麼茶農要用永續農法種植茶葉？ 6. HOW(經過) 如何做才能幫助更多茶農願意採用永續農法種植茶葉？	10'

—第三節課結束—

參考資料：
1. 臺灣紅茶百年之脈絡：Taiwan｜紀錄片｜1940 年代臺北大稻埕｜回憶｜精選影片｜日東紅茶
   https://www.youtube.com/watch?v=sftdALfBbK8
2. 臺灣主要茶類製茶流程 (茶及飲料作物改良場)
   https://www.youtube.com/watch?v=J9FJ0A6LeCU
3. 農業部
   https://www.moa.gov.tw/ws.php?id=2504568
4. 農業部臉書
   https://www.facebook.com/TaiwanMOA

附錄：

認識臺灣茶歷史	全班搶答猜一猜	猜猜哪杯是蜜香紅茶？
品嘗後還想續杯	認識永續農法	學生書寫品茶心得

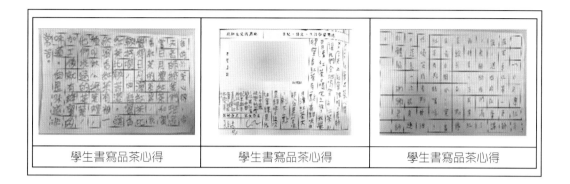

| 學生書寫品茶心得 | 學生書寫品茶心得 | 學生書寫品茶心得 |

臺灣茶葉

陳啓昌[1]、洪方莉[2]

臺南市立海東國民小學[1]、臺南市立崇明國民小學[2]

（一）教學設計理念

每每到山上郊遊踏青，總是可以看到滿山的茶樹遍佈，到達山頂汗流浹背，此時再來一杯潤喉解渴的好茶，實在是人生一大樂事；茶在我們生活的土地上不可或缺，不管是家庭中泡的高山茶，還是街上櫛比鱗次的茶飲店，茶的文化根深蒂固，身為臺灣人不可不知茶在我們臺灣的歷史與重要性，更應該教育我們的下一代好好認識與品嚐。

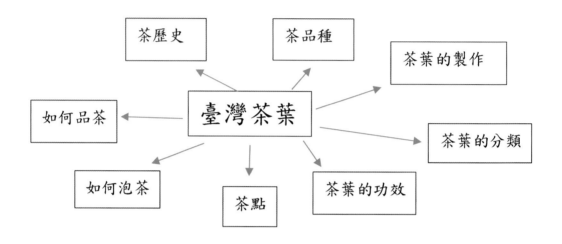

（二）教學活動設計

實施領域		社會	實施年級	高年級	教學節次	共 3 節
設計依據						
學習重點	學習表現	社會 2a-III-1 關注社會、自然、人文環境與生活方式的互動關係。 社會 3a-III-1 透過對時事的理解與省思，提出感興趣或令人困惑的現象及社會議題。		核心素養	社 -E-B2 認識與運用科技、資訊及媒體，並探究其與人類社會價值、信仰及態度的關聯。 社 -E-B3 體驗生活中自然、族群與文化之美，欣賞多元 豐富的環境與文化內涵。	
	學習內容	社會 Ae-III-1 科學和技術發展對自然與人文環境具有不同層面的影響。 社會 Ca-III-2 土地利用反映過去和現在的環境變遷，以及對未來的展望。				
議題融入	實質內涵	• 環境教育【永續發展】 　環 E4 覺知經濟發展與工業發展對環境的衝擊。				

<table>
<tr><td rowspan="9">學習
重點</td><td rowspan="7">所融入食農教育之概念面項與學習內涵</td><td>三面</td><td>■農業生產與環境</td><td>□飲食健康與消費</td><td>■飲食生活與文化</td></tr>
<tr><td rowspan="3">六項</td><td>□農業生產與安全</td><td>□飲食與健康</td><td>■飲食文化</td></tr>
<tr><td rowspan="2">■農業與環境</td><td>□飲食消費與
生活型態</td><td rowspan="2">■飲食習慣</td></tr>
<tr></tr>
<tr><td rowspan="2">茶葉相關面向</td><td>□產</td><td>□製</td><td>□銷</td></tr>
<tr><td>□藝</td><td></td><td></td></tr>
<tr><td>學習內涵</td><td colspan="3">食 E4.　瞭解農業對環境保護及永續發展的價值與重要性。
食 E12.樂於與他人共食，展現分享的情懷，增進與家人、朋友和諧相處的關
　　　係。
食 E15.參與體驗活動、認識家鄉飲食文化，瞭解飲食文化傳承的意義，欣賞
　　　與尊重多元飲食文化。</td></tr>
</table>

與其他 領域／科目 的連結	核心素養 【C1道德實踐與公民意識】 　自 -E-C1 培養愛護自然、珍愛生命、惜取資源的關懷心與 動 。 學習表現 • 探究能力─思考智能／想像創造 　自然 ti-III-1 能運用好奇心察覺日常生活現象的規律性會因為某些改變而產生差異， 　並能依據已知的科學知識科學方法想像可能發生的事情，以察覺不同的方法，也常 　能做出不同的成品。 學習內容 • 科學與生活 　自然 INf-III-4 人類日常生活中所依賴的經濟動植物及栽培養殖的方法。
學生 學習條件 分析	學生對於臺灣歷史的分期有基本概念 學生對於臺灣的地形氣候有基本的概念 學生了解開港通商的歷史 學生有聽過紅茶綠茶烏龍茶 學生有喝過紅茶綠茶烏龍茶
教學前準備	教師準備： PPT 臺灣茶葉簡報 茶飲生活學習單 臺茶 18 號 梨山烏龍茶 碧螺春 一套茶具 將學生分成五組　　　　　　　　　　　　　學生準備： 　　　　　　　　　　　　　　　　　　　　茶點 　　　　　　　　　　　　　　　　　　　　杯子（120ML） 　　　　　　　　　　　　　　　　　　　　放茶點的盤子
教材／教具	老師的 ppt 檔案：臺灣茶葉

學習目標
1. 了解臺灣茶業不同階段發展的因素與轉變。
2. 觀察臺灣茶葉創新的實例，並了解如何透過茶文化外銷與世界相連。
3. 了解臺灣茶葉的種類。
4. 了解臺灣茶葉的製作過程。
5. 了解紅茶、綠茶、烏龍茶的差別。
6. 能算出自己每日攝取咖啡因的量。
7. 能使用茶具泡茶。
8. 學會品茶的步驟。
9. 找到適合搭配不同茶飲的茶點。

教學活動設計		
教學活動內容及實施方式	時間	備註
【活動一：認識臺灣茶葉的變遷史】 一、引起動機 　觀看影片：臺灣第一個經濟奇蹟！？臺灣茶外銷全世界的秘密！ 　https://www.youtube.com/watch?v=GbD7HjavcA4&t=15s 　教師提問 　a. 臺灣的茶葉為什麼會從外銷轉為內銷 　b. 你喝過哪些臺灣的茶葉，請分享 二、發展活動 1. 老師介紹適合茶葉的地形及氣候 2. 介紹開港通商前後，臺灣茶葉的買賣及種植有什麼不同 3. 介紹日治時期，臺灣的茶葉有哪些轉變 4. 介紹戰後臺灣茶葉有哪些改變 5. 臺灣茶葉的目前現況及如何創新 6. 介紹高山茶對於環境的影響及如何永續發展。 三、總結活動 1. 請各組選一位學生簡單的說明臺灣茶葉的歷史變遷。 2. 老師給各組評語並總結這堂課的重點。 3. 請學生回家查有關茶點的資料。 —第一節課結束— 【活動二：認識基本的茶知識】 一、準備活動 　下午茶 　https://www.youtube.com/watch?v=PbCp4P1XH38 　老師提問：福均用什麼方式將中國的茶苗帶回印度 種植 　老師提問：為什麼歐洲人不敢喝綠茶 二、發展活動 1. 老師介紹常見的紅茶、綠茶、烏龍茶 2. 介紹臺灣的主要茶業生產區域	5 4 25	看完影片後，學生能回答老師的提問 能專心聆聽 ppt 簡報有關臺灣茶葉的歷史，並能了解臺灣茶業的變遷過程。

內容	時間	評量
3. 介紹什麼是茶的發酵 4. 介紹戰後臺灣茶葉有哪些改變 5. 臺灣茶葉的目前現況及如何創新 6. 介紹高山茶對於環境的影響及如何永續發展。	5	能說出臺灣茶的發展史
三、總結活動 1. 請各組選一位學生簡單的說明臺灣茶葉的歷史變遷。 2. 老師給各組評語並總結這堂課的重點。 3. 請學生回家查有關茶點的資料。	1	
─第一節課結束─		
【活動二：認識基本的茶知識】	6 3	看完影片後，學生能回答老師的提問
一、準備活動 　下午茶 　https://www.youtube.com/watch?v=PbCp4P1XH38 　老師提問：福均用什麼方式將中國的茶苗帶回印度種植 　老師提問：為什麼歐洲人不敢喝綠茶	25	能專心聆聽茶葉的分類及茶的發酵、茶業的製作程序
二、發展活動 1. 老師介紹常見的紅茶、綠茶、烏龍茶 2. 介紹臺灣的主要茶業生產區域 3. 介紹什麼是茶的發酵 4. 簡單介紹茶的製作程序 5. 介紹喝茶的優點與缺點 6. 12 歲以下兒童及 12 歲～18 歲的青少年有咖啡因攝取的限制，12 歲以下可攝取量以體重每公斤 2.5 毫克來計算（例如：30 公斤的小朋友每天可喝的咖啡因為 30×2.5 = 75 毫克），12～18 歲每日不可超過 100 毫克。 7. 請每位學生算出每日可喝的咖啡因量分組討論下一節課實作泡茶與喝茶想要搭配的茶點並完成分工合作表	5	能了解並算出自己每天攝取的咖啡因量
三、總結活動 1. 請每一組選出一位學生來說明紅茶、綠茶、烏龍茶不同的地方。 2. 老師給各組評語並總結這堂課的重點	1 3 2	學生能說出紅茶、綠茶、烏龍茶的不同
─第二節課結束─		
【活動三：泡茶與品茶】		
一、引起動機 　https://www.youtube.com/watch?v=UveMnbhSL50 　老師請學生將影片中泡茶的程序說明一次	20	學生能說出泡茶的程序
二、發展活動 1. 各組別拿出自己的茶杯點心盤 2. 經由影片的介紹開始依序泡紅茶、烏龍茶、綠茶（但因時間的關係，只有烏龍茶用茶具泡，紅茶及綠茶以茶包泡）各組按照組別來前方的桌子泡烏龍茶，還沒輪到的在自己的位置用茶包泡紅茶及綠茶。	5 5 5	學生會使用茶具泡茶

3. 品茶：觀茶三杯茶的顏色、再聞三杯不同的茶香，並將看到的聞到的感受紀錄下來；接下來依順序小口喝下三種不同的茶，並將三種茶喝起來的感覺記錄在學習單上（老師大電視螢幕顯示 TAGs 風味平臺茶風味輪，讓學生參考）。 4. 配茶點：將帶來的茶點小組內分享並擺盤後，開始品茶配茶點，並找出什麼茶配什麼茶點口感會最好，並紀錄在學習單上。	4	學生學會如何品茶 學生能透過實際操做，能搭配出三種茶類適合的茶點
三、總結活動 請各組發表三種茶喝起來的口感及搭配什麼茶點最對味。 老師給各組評語，並總結這一堂課的重點。 —第三節課結束—	1	學生能完成學習單 能上臺發表實作後的結果

參考資料：
1. Taiwan bar. (2018, May 15).『臺灣第一個經濟奇蹟!?臺灣茶外銷全世界的秘密！』—《偵茶事務所》EP3. YouTube. https://www.youtube.com/watch?v=GbD7HjavcA4
2. 紫藤廬 wistaria tea house. (2018, June 22). 紫藤廬 × 臺灣吧《偵茶事務所》第二集 . YouTube. https://www.youtube.com/watch?v=PbCp4P1XH38
3. Cha-tailor tea specialist. (2018, July 17). 想悠閒喝杯茶，可你真的知道怎麼泡嗎？簡單泡茶五步曲 | Cha-Tailor Tea Specialist. YouTube. https://www.youtube.com/watch?v=UveMnbhSL50

【附錄】學習單

學習目標	教學評量
了解臺灣茶業不同階段發展的因素與轉	能專心聆聽 ppt 簡報有關臺灣茶葉的歷史，並能了解臺灣茶業的變遷過程。 能簡單說出臺灣茶的發展史。
觀察臺灣茶葉創新的實例，並了解如何透過茶文化外銷與世界相連	能專心聆聽 ppt 簡報有關臺灣茶葉的歷史，並能了解臺灣茶業的變遷過程。 能簡單說出臺灣茶創新的實例。
能算出自己每日攝取咖啡因的量	能知道自己的年齡所能喝的咖啡因限值，並能算出自己每天咖啡因的攝取量。
了解臺灣茶葉的種類	能專心聆聽茶葉的種類、分類及茶的發酵、茶業的製作程序。
了解臺灣茶葉的製作過程	能專心聆聽茶葉的種類、分類及茶的發酵、茶業的製作程序。
了解紅茶、綠茶、烏龍茶的差別	學生能說出紅茶、綠茶、烏龍茶的不同。
能透過分組討論來決定適合配茶的茶點，並分配每個人下次茶飲課時所須攜帶的物品。	學生能透過討論得到結果並且分派任務給小組的成員。
能使用茶具泡茶	學生能說出泡茶的程序 學生能使用茶具並按照泡茶的程序泡茶

學習目標	教學評量
學會品茶的步驟	學生知道如何品茶並實際品茶，並將喝茶的感受說出來。
找到適合搭配不同茶飲的茶點	學生能透過實際操做，能搭配出三種茶類適合的茶點。 能上臺發表實作後的結果。
能夠完成茶飲學習單中的題目	能夠完成茶飲學習單

【附錄】學習單

臺灣茶飲生活 班級　座號　姓名

你知道嗎？台灣人一年喝掉約 107,504 萬杯手搖飲料，由此可知，茶飲與我們的生活習習相關，今天我們就來簡單的認識臺灣的茶業知識。

一、臺灣的茶業品種簡單分為兩大類：

大葉種(喬木)：

小葉種(灌木)：

二、製茶的步驟：

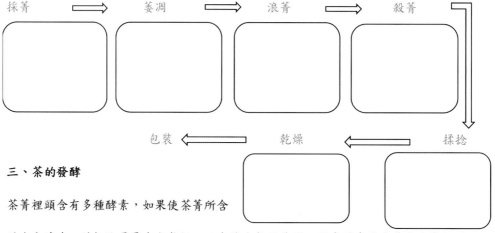

採菁 ⇒ 萎凋 ⇒ 浪菁 ⇒ 殺菁

包裝 ⇐ 乾燥 ⇐ 揉捻

三、茶的發酵

茶菁裡頭含有多種酵素，如果使茶菁所含

的水分減少，並把他曝露在空氣裡，又有些兒熱的作用，那麼酵素就容易和空氣裡的

氧起作用，茶葉的細胞與空氣接觸後所產生的氧化作用，這個過程就叫發酵。

●不發酵茶：

●部分發酵茶：

●全發酵茶：

四、如何泡茶

泡茶步驟一：溫壺、燙杯 ⇒ 泡茶步驟二：置茶 ⇒ 泡茶步驟三：輕搖壺身

泡茶步驟四：溫潤泡 ⇒ 泡茶步驟五：沖泡 ⇒ 泡茶步驟六：聞香、品茶

請你實際泡一次茶，泡完茶的感受是什麼？

[   ]

五、如何品茶

品茶步驟 1 － **觀茶**：茶葉的色澤、條索形狀、茶湯顏色

品茶步驟 2 － **聞香**：聞香時先呼氣，當茶杯到鼻子前方時再吸氣，保留最完整的氣息，好的茶泡好之後香氣會融合在水裡

品茶步驟 3 － **品茗**：品茶最主要的點是，茶的滋味及厚薄度、回甘度、苦澀含量

品茶步驟 4 － **觸茶**：喝完的茶湯勢必會留下回沖泡過數次的茶渣，可以感受茶的品質，好的茶葉最沖泡數次之後依然保有彈性及活力

六、計算自己每日可攝取的咖啡因量

12 歲以下兒童及 12 歲~18 歲的青少年有咖啡因攝取的限制，12 歲以下可攝取量以體重每公斤 2.5 毫克來計算(例如:30 公斤的小朋友每天可喝的咖啡因為 30X2.5=75 毫克)，12-18 歲每日不可超過 100 毫克。

我的重量(　　　)X2.5=(　　　　)

七、如何選茶點

甜宜綠、乳宜紅，堅果配烏龍　　　　甜配綠、酸配紅、瓜子配烏龍

以上是茶點的順口溜，你可以學古人的搭配方式，也可發揮創意，或許有意想不到的結果喔！

透過討論，我們這組的茶點分配如下：

[   ]

	紅茶（茶水比 1:50）	綠茶（茶水比 1:50）	烏龍茶（茶水比 1:30~40）
茶的色澤			
聞起來的味道			
喝起來的味道			
觸茶的感受			
最適合的茶點			

茶類	茶葉量（%壺容量）	水溫（℃）	第1泡（秒）	第2泡（秒）	第3泡（秒）	第4泡（秒）
三峽碧螺春綠茶	6	80	60	40	70	140
條形包種茶	6	95	60	35	70	120
高山烏龍茶	6	100	70	30	70	140
凍頂烏龍茶	6	100	60	30	60	130
鐵觀音茶	6	100	80	30	70	200
紅烏龍	5	90	60	30	40	60
東方美人茶	5	90	60	30	45	60

教案8

「茶事」春秋

阮惠婷

臺東縣立綠島國民小學

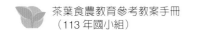
（一）教學設計理念

主題名稱發想：以「茶事」爲茶葉知識代稱，「春秋」有一整年的意思，因此課程設計主要介紹臺灣著名的茶種及茶業的產、製、銷等面向。

三堂課活動如圖示：

走進茶葉世界
了解茶葉小知識。

認識臺灣名茶
習得食品安全及健康安全消費的知識。

我是小小品茗師
臺灣茶種加入綠島在地食材，調製健康飲品。

「茶事」
春秋：
集臺灣茶葉之
大成

（二）教學活動設計

實施領域		健康與體育	實施年級	高年級	教學節次	共 3 節
設計依據						
學習重點	學習表現	健體 1a-III-3 理解促進健康生活的方法、資源與規範。 健體 4a-III-1 運用多元的健康資訊、產品與服務。 健體 4a-III-2 自我反省與修正促進康的行動。		核心素養	【A2 系統思考與解決問題】 健體 -E-A2 具備探索身體活動與健康生活問題的思考能力，並透過體驗與實踐，處理日常生活中運動與健康的問題。	
	學習內容	健體 Eb-III-2 健康消費相關服務與產品的選擇方法。				

	所融入食農教育之概念面項與學習內涵				
學習重點		三面	□農業生產與環境	■飲食健康與消費	■飲食生活與文化
		六項	□農業生產與安全	□飲食與健康	■飲食文化
			□農業與環境	■飲食消費與生活型態	□飲食習慣
		茶葉相關面向	■產	■製	■銷
			□藝		
		學習內涵	食 E8. 分析比較不同的消費管道，建立健康安全消費的覺知。 食 E15.參與體驗活動、認識家鄉飲食文化，瞭解飲食文化傳承的　意義，欣賞與尊重多元飲食文化。		

與其他領域／科目的連結	核心素養 【B1 符號運用與溝通表達】 學習表現 ● III-6 能學習設計思考，進行創意發想和實作。 學習內容 ● 視 E-III-3 設計思考與實作。
學生學習條件分析	1. 五年級學生於上學期的英語文課程學習了關於茶的主題，且對於茶飲具有濃厚的興趣。 2. 班級的討論風氣自由，同儕間的對話常有天馬行空的想像。 3. 學生對於茶葉的相關知識雖然不足，但其學習能力佳。
教學前準備	教師準備： 便利貼、茶葉、茶包、沖泡器具、紙杯、茶點、粉彩紙　　　　　　　　　　　　　　學生準備： 平板、杯子、繪畫用具
教材／教具	康軒版五上英語、簡報、Blooket、google jamboard、自製書籤

學習目標

學習表現 學習內容	健康與體育 1a-III-3 理解促進健康生活的方法、資源與規範。	健康與體育 4a-III-1 運用多元的健康資訊、產品與服務。 4a-III-2 自我反省與修正促進健康的行動。	藝術 1-III-6 能學習設計思考，進行創意發想和實作。
健康與體育 Eb-III-2 健康消費相關服務與產品的選擇方法。 藝術 視 E-III-3 設計思考與實作。	認識臺灣十大名茶，習得食品安全及健康安全消費的知識、知道適量喝茶的好處並於討論、分享中展現良好的表達能力。	了解茶葉的原料、加工、銷售等資訊及其營養成效，並懂得發酵程度的不同含有的兒茶素多寡，進而選擇既好喝又營養的飲品。	以臺灣著名的茶種加入綠島在地食材，發想獨創飲品並設計熱量適中的圖文食譜做成書籤，分享給親朋好友。

教學活動設計		
教學活動內容及實施方式	時間	備註
【第一節：認識臺灣名茶】 一、引起動機 　教師複習五年級上學期英語課程中的單元—The Best drink，問問學生還記得延伸學習內容裡認識的各國代表茶飲中，如果說到 臺灣的話是哪一種茶？【烏龍茶（Oolong tea）】 　* 大部分的小朋友脫口而出的幾乎都是珍珠奶茶（Bubble tea），然而接著再問「奶茶」是哪一種茶製作的，他們回答奶茶不就是奶茶嗎？ 二、發展活動 找找臺灣茶 　教師發下便利貼，請學生寫下自己曾經喝過或是知道（聽過）的茶的種類，另可敘述茶（葉）之外觀色澤、水色、香氣、滋味等，每一張記錄一項茶種貼上白板後，師生就大家寫出的 茶種，討論哪些是屬於臺灣茶？ What's Your Cup of Tea? 1. 根據白板上歸類出的臺灣茶中，請學生分享最喜歡哪一種茶？（如果他們知道的臺灣茶不多，教師可另外提供飲料店的 menu 為參考。） 2. 臺灣從臺地、丘陵到高山，到處都可見到茶樹的蹤跡，生產製作的好茶為數不少，請學生猜猜其中最出名的十種（臺灣十大名茶），教師簡要說明。 　【補】奶茶視其使用不同茶葉加入鮮奶，而珍珠奶茶的茶葉 　大部分以臺灣高山茶和阿薩姆紅茶為主。 驗明正身 　教師介紹應登錄溯源資訊的國產茶驗證標章，或許國小學童 　購買茶葉的機會不大，但可以和家人分享關於食品安全及健康 　安全消費的知識。	5分 25分	學習態度 表達 傾聽 Exit TicketWrite down 3 keywords about today's lesson.（寫出這節課學到的 3 個重點）

銷售篇

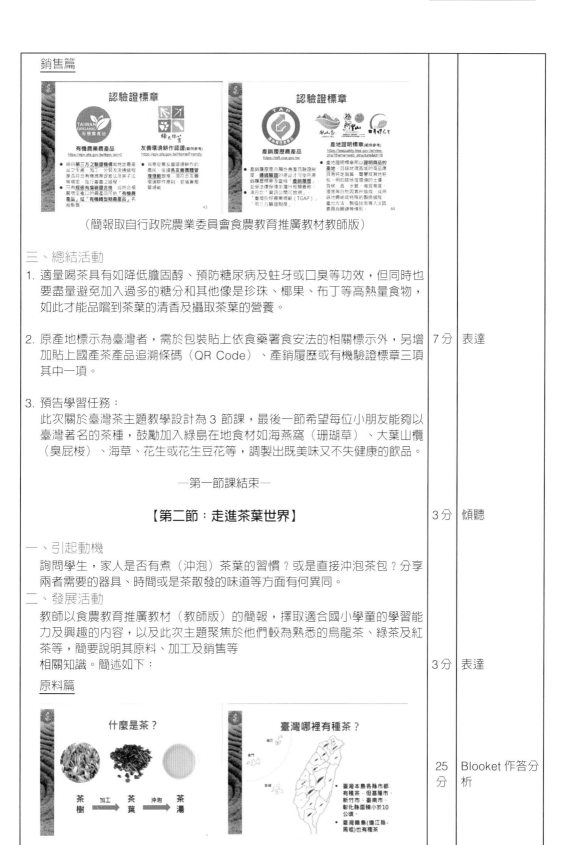

（簡報取自行政院農業委員會食農教育推廣教材教師版）

三、總結活動

1. 適量喝茶具有如降低膽固醇、預防糖尿病及蛀牙或口臭等功效，但同時也要盡量避免加入過多的糖分和其他像是珍珠、椰果、布丁等高熱量食物，如此才能品嚐到茶葉的清香及攝取茶葉的營養。

2. 原產地標示為臺灣者，需於包裝貼上依食藥署食安法的相關標示外，另增加貼上國產茶產品追溯條碼（QR Code）、產銷履歷或有機驗證標章三項其中一項。

3. 預告學習任務：
此次關於臺灣茶主題教學設計為 3 節課，最後一節希望每位小朋友能夠以臺灣著名的茶種，鼓勵加入綠島在地食材如海燕窩（珊瑚草）、大葉山欖（臭屁梭）、海草、花生或花生豆花等，調製出既美味又不失健康的飲品。

―第一節課結束―

【第二節：走進茶葉世界】

一、引起動機
詢問學生，家人是否有煮（沖泡）茶葉的習慣？或是直接沖泡茶包？分享兩者需要的器具、時間或是茶散發的味道等方面有何異同。

二、發展活動
教師以食農教育推廣教材（教師版）的簡報，擇取適合國小學童的學習能力及興趣的內容，以及此次主題聚焦於他們較為熟悉的烏龍茶、綠茶及紅茶等，簡要說明其原料、加工及銷售等
相關知識。簡述如下：

原料篇

	7 分	表達
	3 分	傾聽
	3 分	表達
	25 分	Blooket 作答分析

師：大家看看這張地圖說明，請問綠島種茶嗎？
生：沒有。離島地區只有馬祖。
師：不過臺東縣有喔！雖然茶葉產量不多，但大家應該知道鹿野鄉知名的…
生：紅烏龍。

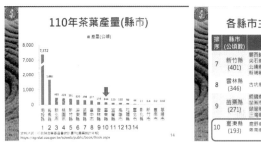

加工篇

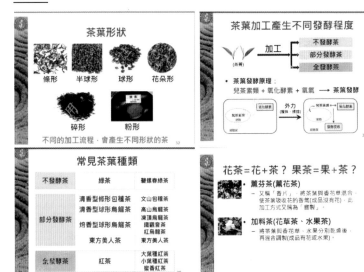

基於發酵反應對於國小學童或有深奧之虞，因此教師僅簡單
說明茶葉發酵的程度高低會影響兒茶素及咖啡因的多寡；另，茶葉發酵程度
的判斷基本上以茶湯顏色與風味組成就可以大致區分出。

名詞解釋
茶葉的發酵和其他食品的發酵大不相同：
茶葉的發酵和其他食品的發酵大不相同：

發酵（fermentation）
食物發酵是指微生物協助食品中的化學變化，但茶葉的發酵則無微生物參
與，而是茶葉內物質和氧氣發生的複雜氧化作用。

線上學習工具的操作能力及茶具使用後的收拾情況

兒茶素（酸）

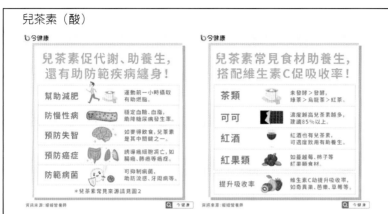

（圖片擷自今健康網頁）

咖啡因
是一種中樞神經興奮劑，能暫時驅走睡意並恢復精力。
發酵程度：時間長，咖啡因高。
沖泡方式：水溫高、浸泡久，咖啡因高。

三、總結活動
1. 以 Blooket 評量學生對於兩節課學習內容的精熟程度。
   https://dashboard.blooket.com/edit?id=663c66c9d93c1e4415475398
   （茶葉小知識題目於附錄 1）

精製糖攝取量
彈性選擇，補充水分

（圖片擷自衛生福利部國民健康署）

		表達
		學習任務完成度及發表
	12分	Exit Ticket 請提出日後想複習或更加了解的內容

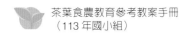
2. 教師說明茶飲食譜的設計項目，如相片（圖繪）、食材、分量或是做法等，請學生利用課餘時間想想獨家的食譜，做成書籤後可以分享給他人。

—第二節課結束—

【第三節：我是小小品茗師】

一、引起動機

教師準備 3 杯以茶包沖泡出的綠茶、烏龍茶及紅茶，請學生以上一節課學過關於茶葉加工產生不同的發酵程度等知識，完成以下 2 項任務。

二、發展活動

感官大挑戰

1. 請學生進入 google jamboard，教師提供範例並說明操作的方式，確定學生對於主要功能的使用都沒有問題後，接著他們根據座號找到自己的版面，仔細觀察桌上 3 杯茶的顏色、嗅聞味道或是啜飲一小口，然後記錄答案。（以茶包沖泡）

範例：

挑戰1:
請就桌上3杯以茶包沖泡出的茶 分別寫下烏龍茶 紅茶及綠茶

挑戰2: 請寫出第幾杯為茶葉沖泡出的茶

1和3

2. 教師再加上 2 杯以茶葉沖泡出的茶湯，而之前以茶包沖泡的 3 杯置換至不同的茶杯後，請學生寫出 5 杯中哪幾杯是以茶葉沖煮？而哪幾杯則是茶包，並分享自己的看法。

正確答案

獨家茶飲食譜

1. 教師秀出自己已完成的簡易茶飲食譜書籤，並說明茶名的意思（高嶺為大禹嶺，珊瑚為海燕窩，低熱量富含膠原蛋白所以稱為美顏茶），接著將課前已調製好的茶飲請小朋友品嚐。

| 3 分 |
| 20 分 |

食材

大禹嶺高山茶、海燕窩(珊瑚草＋桂圓＋紅棗＋砂糖＋黑糖)、蘋果、碎冰(視個人喜好)

1. 倒少許茶葉於瓶中，加入常溫水後放進冰箱冷藏8小時以上。
2. 以熱水(400~500cc，大概一個馬克杯的容量)沖泡一小塊海燕窩，冷卻後再放入冰箱冷藏。
3. 從冰箱取出冰涼的海燕窩加入冷泡茶，放上蘋果切片。

高嶺珊瑚美顏茶

　幸運茶：烏龍茶＋海燕窩＋芒果
　Leo 水果海草茶：綠茶＋海草＋香蕉、西瓜（切片）＋冰塊
　（依個人喜好可再加多種水果）

三、總結活動

1.

不發酵茶	綠茶	兒茶素最多
部分發酵茶	烏龍茶	兒茶素含量次之
全發酵茶	紅茶	兒茶素最少

2. 現代人因訴求飲食便利，因此茶包的製作應運而生。雖然茶包略遜於茶葉沖泡出的香氣或是口感，但如今市面上已有越來越多「原片茶」茶包的選擇，提升了過往茶包的品質。

3. 此次以臺灣茶種加入綠島在地食材，日後也可以繼續發想百分百「Made in Taiwan」（其他縣市名產）的茶飲，除了更加了解臺灣的物產豐饒之外，也朝向實踐減少碳足跡的環保行動之路邁進。

—第三節課結束—

參考資料：
1. 康軒版五上英語 (Wonder World)-Around the World
2. 維基百科臺灣茶
3. 農業部茶及飲料作物改良場＞茶葉主題館＞茶言觀色＞臺灣特色茶介紹
　https://kmweb.moa.gov.tw/subject/subject.php?id=324
4. 2021, Nov. 24. 什麼是茶葉發酵？茶學家。
　https://store.teascholar.com/blog/7020/what-is-tea-fermentation
5. 茶療師 LING 什麼是茶葉發酵？探討發酵對茶葉產生的風味影響。樂茶米。
　https://lachummy.tw/tea-fermentation/
6. 今健康 (2021, Sep. 28). 兒茶素利減肥、防失智、助防癌！營養師：不只綠茶，這些都吃得到。
　https://health.udn.com/health/story/6037/5777214
7. 食在好健康 (2024, Apr. 19)【＃節氣特輯】穀雨春茶——喝茶的 2 大好處
　https://www.facebook.com/photo/?fbid=816604043821911&set=a.407963678019285

附錄：
【附錄 1】茶葉小知識 10 題題目 -Blooket
【附錄 2】教學評量
【附錄 3】教學省思
【附錄 4】教學相片

【附錄 1】茶葉小知識 10 題題目

【附錄2】教學評量

教學評量

主題	A(優秀)	B(良好)	C(基礎)	D(不足)
認識臺灣名茶	能夠說出大部分的臺灣十大名茶，了解食品安全及健康安全消費的資訊，知道適量喝茶的好處，並於討論、分享中展現良好的表達能力。	能夠說出半數臺灣十大名茶，大致了解食品安全及健康安全消費的資訊，知道適量喝茶的好處，並於討論、分享中盡力表達自己的看法。	只能說出幾種臺灣十大名茶，對於食品安全及健康安全消費的資訊了解不多，大致知道適量喝茶的好處，但不夠積極參與討論及分享。	未達C級
評量評分指引	臺灣十大名茶、國產茶驗證標章			
評量工具	便利貼、問答、學習態度			

主題	A(優秀)	B(良好)	C(基礎)	D(不足)
走進茶葉世界	能夠透過《茶葉小知識》的介紹，了解茶葉的原料、加工、銷售資訊或營養功效等，進而懂得選擇既好喝又營養的飲品。	透過《茶葉小知識》的介紹，大致了解茶葉的原料、加工、銷售資訊或營養功效等，學習選擇既好喝又營養的飲品。	對於茶葉的原料、加工、銷售資訊或營養功效等了解不多，知道要選擇既好喝又營養的飲品。	未達C級
評量評分指引	《茶葉小知識》、網路資料			
評量工具	Blooket、問答、學習態度、Exit ticket			

主題	A(優秀)	B(良好)	C(基礎)	D(不足)
我是小小品茗師	根據茶葉發酵程度不同的知識，能夠品嚐出正確的茶種及分辨出以茶葉沖泡出的茶，並大方分享自製的健康茶飲食譜。	大致能夠品嚐出不同茶種的風味及分辨茶包及茶葉的不同，並完成書籤作品。	對於茶葉發酵程度引起的茶葉風味知識，了解尚待加強，書籤完成度不錯但設計不夠用心。	未達C級
評量評分指引	感官大挑戰、茶飲食譜			
評量工具	google jamboard、問答、學習態度、實作書籤、Exit ticket			

【附錄 3】教學省思

教學省思

1. 教學主題連結小朋友的學習經驗

學生於上學期的英語課程學過關於幾個國家的代表茶飲，所以對於此次茶葉的主題學習興味盎然，師生互動及同儕間的討論熱絡。第一節課請他們寫下知道的茶種後，過程中就聽到他們口中不斷唸著 Matcha(抹茶)、masala tea(印度香料奶茶)和拉茶。學生對於那次的延伸學習內容至今印象深刻，想必是因為我們閱讀了 masala tea 的英文食譜外，也知道大約一百多年前，臺灣烏龍茶以 Formosa Oolong Tea 的品牌引進英國，於當地掀起了一陣臺灣烏龍茶的熱潮。

最後一節課的學習活動，我安排學生透過感官，親自領會不同茶類的顏色、氣味及口感等，而後再對照實作之前教師的知識傳遞，他們即可比較、驗證並歸納其學習的內容，以收做中學(learning by doing)的成效。

2. 學習過程中的豁然開朗

學生寫出的茶種中不乏常見的飲品，如麥茶、冬瓜茶、檸檬茶、洛神花茶等；我提醒此次的主題以臺灣茶(葉)為主，並告訴他們以上茶類只是以主要食材(大麥、冬瓜、檸檬及洛神花)加入調味(如蔗糖、中藥等)的飲品，並非是茶(葉)類，小朋友才恍然大悟說以往認為有茶的名稱就屬於一種茶(葉)類。因此透過討論，學生知道茶葉具有多種物質(如咖啡因和兒茶素)，其實和飲料店內林林總總的調味水但冠以「茶」的飲品不同。

另外，提及臺灣十大名茶中的鐵觀音時，幾個學生驚呼且大笑著說：「蛤？！原來鐵觀音是茶，我們還以為是飲料的品牌呢！哈哈哈～」

3. 善用外部學習資源及科技輔助學習工具

準備此次的主題教學及撰寫教案的過程中，我大量查找具公信力的網站報導(文章)、書籍或是曾參加過幾場食農教育研習等相關資源，務求教給孩子們正確的茶(葉)知識。主要以行政院農業委員會茶業改良場的食農教育推廣教材(教師版)關於「茶葉分類」及「茶葉沖泡小學堂講義」的部分簡報，言簡意賅地向孩子們介紹茶業的原料、加工及銷售等知識；加上自己愛喝茶，所以準備課程中透過像是《茶及飲料作物改良場》、《臺灣茶 TAGs 風味平臺》及食農教育知能手冊等，愉快地習得了很多的茶葉食農教育相關知能，落實了教學相長的教育理想。

另外，我以數位教學工具 Blooket 設計「茶葉小知識」的題目，以遊戲化教學複習 2 節課的學習內容，學生玩得不亦樂乎，紛紛要求多玩幾次(變換遊戲模板具有不一樣的競賽刺激)，無形中引發學生的學習動機，結果分析也可做為課程評量的依據。

4. 茶葉食農教育的加深加廣

茶葉的功效及用途多，除了沖泡為飲品外，以茶入食如茶葉蛋、餅乾或是蛋糕等也很常見。我切了一些小塊鐵觀音土司、蜜香紅茶土司，請學生細嚼並體驗茶入麵包的香氣。此次茶葉主題課程於充滿茶香及美味甜點中的品嚐中結束，學生對於臺灣名茶的認識意猶未盡，都覺得 3 節課不夠呢！

此外，他們對於自製茶飲受到其他人的讚賞，成就感十足，並激發其上網繼續尋找臺灣各地的名茶、相互討論融入綠島在地食材的可能，相信日後再次探索及深究茶葉的大千世界，學生的發現會更加地豐富多元。

【附錄 4】教學照片

教學相片

收集我們知道的茶類

找找臺灣茶

茶葉知識小學堂

Blooket-FISHING FRENZY

恭喜前 3 名，Great job!

品茶大會

自製美顏茶

茶飲食譜書籤

客茶時間

劉秀琴

桃園市立高原國民小學

（一）教學設計理念

　　學校後花園的酸柑橘樹，結實纍纍的果實，因為苦澀一直乏人問津，以致年復一年都落土化肥。然而，偶而有幾個頑皮的學生，會撿拾這些果實當作球來玩。

　　響應 SDGs 的議題，學校積極推動永續食物，激發學生對食物的珍惜。在客語生活學校的薰陶下，孩子們感受到客家人珍惜食物的精神，開始探討酸柑橘與在地綠茶之間的故事。這場有趣的對話由此展開……。

（二）教學活動設計

實施領域		綜合活動	**實施年級**	高年級	**教學節次**	共 4 節
設計依據						
學習重點	學習表現	綜 3c-III-1 尊重與關懷不同的族群，理解並欣賞多元文化。	**核心素養**		【C3 多元文化與國際理解】綜 -E-C3 體驗與欣賞在地文化，尊重關懷不同族群，理解並包容文化的多元性。	
	學習內容	綜 Cc-III-3 生活在不同文化中的經驗和感受。				

學習重點	所融入食農教育之概念面項與學習內涵	三面	□農業生產與環境	□飲食健康與消費	■飲食生活與文化
		六項	□農業生產與安全	□飲食與健康	■飲食文化
			□農業與環境	□飲食消費與生活型態	□飲食習慣
		茶葉相關面向	□產	■製	□銷
			□藝		
		學習內涵	食 E15 參與體驗活動、認識家鄉飲食文化，瞭解飲食文化傳承的意義，欣賞與尊重多元飲食文化。		

學生學習條件分析	有部分學生家裡種茶，但對於茶相關的知識不清楚。 全班有 1/3 是客家人，但對客家文化沒有特別的情懷或感受。	
教學前準備	教師準備： 剪刀、在地綠茶、酸柑橘、鋁罐、棉繩	學生準備： 湯匙、手套
教材 / 教具	茶葉、茶具、PPT	
學習目標		

1. 認識本地茶葉種類、製成過程及風味
2. 瞭解與欣賞客家文化中的酸柑茶歷史與文化意義
3. 能夠感受到以食為根的客家文化，並善良對待生活裡的食材
4. 從真實經驗中學習酸柑茶的製作過程，並培養團隊合作的精神。

教學活動設計		
教學活動內容及實施方式	時間	備註
【活動一　茶緣秘境探茶趣】 一、走訪百年製茶廠 　「春雨、陽光，疊疊翠綠掩山崗，泥壺、素杯，白雲朵朵飄茶香」。 　1903 設立的福源茶廠，見證了臺灣茶葉的興盛與沒落；目前由第五代接手，傳承以茶深耕的精神位於學校附近的福源茶廠，串聯客家文化與本區茶產業的歷史脈絡，正好是學習的最好社區資源 ―第一節課結束― 二、揉捻滿室茶香 1. 視茶 　認識不同種類的茶葉＿綠茶、紅茶、烏龍茶等 2. 品茶 　品嚐不同種類的茶葉並辨識風味。 3. 揉茶 　分組練習揉捻茶菁成團 ―第二節課結束― 一、認識酸柑茶 1. 介紹客家酸柑茶的歷史背景、文化意義以及製作流程： 　在臺灣的農曆春節期間，「虎頭柑」因其獨特的外觀和傳統意義而受到民眾的喜愛。這種柑橘以其厚皮和持久的新鮮度著稱，常被用於祭祀活動，象徵吉祥和繁榮。然而，由於其酸澀的果肉不適合食用，許多虎頭柑在節日過後被丟棄。為了避免浪費，客家人發明了將這些柑橘轉化為酸柑茶的方法，這種茶不僅口感獨特，還具有傳統上認為的健康益處。這種對資源的珍惜和創新利用，展現了臺灣文化中的勤儉精神和對傳統的尊重。 　https://youtu.be/duN-k-d8xLI	40 分 10 分	能正確分辨出茶的種類。 學生是否能夠準確地說明酸柑茶的起源、文化意義以及製作流程。

二、校園尋寶
1. 尋找校園中的虎頭柑：
虎頭柑，又名年柑或酸柑，是一種以柚子或桔子為砧木，嫁接柑橘類接枝而成的水果。果實體積大，常被用作節慶裝飾，尤其在農曆新年期間，象徵著「大吉大利」。雖然虎頭柑的外觀吸引人，但由於其酸味強烈，不適合直接食用，與甜美的小年柑和桶柑有所不同。

2. 採果樂：
同學手持剪刀，小心的將虎頭柑採下並清洗曬乾。

三、收拾整理
1. 請各組將工具收拾
2. 用 4F 策略（FACT、FELLING、FIND、FUTURE）分享這一節課的心得感想

能應用 4F 策略分享心得感想

10 分

—第三節課結束—

【活動三　共下來做茶】

一、準備材料工具
1. 教師解說製作過程及注意事項
2. 各組領取工具材料，準備開始製作酸柑茶。挖洞、挖出果肉、與茶葉混合，讓茶葉充分吸收果汁，增加風味。

能正確的操作酸柑茶的步驟

20 分

3. 回填茶葉與果肉，並充分壓緊實。

二、蒸曬烤壓好功夫
1. 九蒸九曬反覆操作

10 分

小組能合作將製作好的虎頭柑放到蒸籠

能應用茶藝課所學泡出一壺茶、有禮地與師長分享

三、上茶
1. 經過九次蒸熱和九次曬乾的過程，酸柑茶吸收了陽光的精華，並在陳放一年後，其味道變得更加甘甜，餘韻悠長。這種獨特的製作方法不僅增強了茶的風味，也使其成為具有特色的飲品，深受茶愛好者的喜愛。酸柑茶的這種轉化，是對傳統飲食文化的一種創新和致敬。

10

—第四節課結束—

參考資料：
1. 農業知識入口網
   https://kmweb.moa.gov.tw/theme_data.php?theme=news&sub_theme=variety&id=54073
2. 於晴小農作：酸柑茶中的「茶」
   https://www.youtube.com/watch?v=UR1f5NNvlOk

附錄：教學評量設計

【附錄】教學評量設計

學習目標 1：認識本地茶葉種類、製成過程及風味

評量標準	A－優秀	B－良好	B－尚可	D－需改進
列舉本地茶葉種類	能列舉出 5 種或以上的本地茶葉種類	能列舉出 3-4 種本地茶葉種類	能列舉出 2 種本地茶葉種類	只能列舉出 1 種或無法列舉
描述茶葉特徵及風味	詳細描述每種茶葉的特徵及風味	描述大部分茶葉的特徵及風味	描述部分茶葉的特徵及風味	只能描述 1 種或無法描述
茶葉製成過程	詳細說明製成過程的每個步驟	說明製成過程的大部分步驟	說明製成過程的部分步驟	只能說明製成過程的一兩個步驟

學習目標 2：瞭解與欣賞客家文化中的酸柑茶歷史與文化意義

評量標準	A－優秀	B－良好	B－尚可	D－需改進
酸柑茶歷史起源	詳細說明酸柑茶的歷史起源	說明酸柑茶的歷史起源	部分說明酸柑茶的歷史起源	無法說明酸柑茶的歷史起源
文化意義	深入描述酸柑茶的文化意義	描述酸柑茶的文化意義	部分描述酸柑茶的文化意義	無法描述酸柑茶的文化意義

學習目標 3：能夠感受到以食為根的客家文化，並善良對待生活裡的食材

評量標準	A－優秀	B－良好	B－尚可	D－需改進
以食為根的理念	能夠舉出多個具體例子說明	能夠舉出一些具體例子說明	能夠舉出一兩個例子說明	無法舉出具體例子
尊重食材	在實作中展現出高度的尊重和珍惜	在實作中展現出尊重和珍惜	在實作中有部分尊重和珍惜	在實作中缺乏尊重和珍惜

學習目標 4：從真實經驗中學習酸柑茶的製作過程，並培養自我實踐的能力

評量標準	A－優秀	B－良好	B－尚可	D－需改進
完成酸柑茶製作	小組合作並成功完成整個製作過程	在指導下完成整個製作過程	在指導下完成部分製作過程	無法完成製作過程
製作技能	展現出熟練的製作技能	展現出良好的製作技能	展現出基本的製作技能	缺乏製作技能

教案10

希望、堅持、感動、簡單的幸福

賴惠萍

臺東縣廣原國民小學

（一）教學設計理念

　　遠近馳名的鹿野，有熱氣球聖地名號，許多遊客趨之若鶩地來到鹿野。觀光景點的龍田大草原景色宜人，令人垂涎欲滴的鹿野便當也吸引了許多人。鹿野的人民勤勞儉樸，農業社會物產豐富，還有許多默默耕耘的茶農。茶樹不僅美觀，其茶葉也可用來製作各種茶品。數十年前儘管銷售情況不如往年，茶樹依然屹立不搖。如今，鹿野的人們賦予茶葉新生命，將其製作成了獨特風味的紅烏龍茶。

（二）教學活動設計

實施領域		彈性學習課程	實施年級	低中高年級	教學節次	共 6 節
設計依據						
學習重點	學習表現	生活 1-1-1　探索並分享與自己及相關人、事、物的感受與想法。 生活 2-1-1　以感官和知覺探索生活，覺察事物及環境的特性。 生活 2-1-2　觀察生活中人、事、物。 生活 2-1-3　探索生活中的人、事、物，並體會彼此之間會相互影響。 生活 3-1-1　願意參與各種學習活動，表現好奇與求知探索之心。 社會 2a-II-1　關注居住地方社會事物與環境的互動、差異與變遷等問題。 社會 2a-II-2　表達對居住地方社會事物與環境的關懷。 社會 2a-III-1　關注社會、自然、人文環境與生活方式的互動。關係。	核心素養	【A1 身心素質與自我精進】 生活 -E-A1 透過自己與外界的連結，產生自我感知並能對自己有正向的看法，進而愛惜自己，同時透過對生活事物的探索與探究，體會與感受學習的樂趣，並能主動發現問題及解決問題，持續學習。 【A2 系統思考與解決問題】 生活 -E-A2 學習各種探究人、事、物的方法並理解探究後所獲得的道理，增進系統思考與解決問題的能力。 【C2 人際關係與團隊合作】 生活 - E-C2 覺察自己、他人和環境的關係，體會生活禮儀與團體規範的意義，學習尊重他人、愛護生活環境及關懷生命，並於生活中實踐，同時能省思自己在團體中所應扮演的角色，在能力所及或與他人合作的情況下，為改善事情而努力或採取改進行動。 【A3 規劃執行與創新應變】 社 -E-A3 探究人類生活相關議題，規劃學習計畫，並在執行過程中，因應情境變化，持續調整與創新。		
	學習內容	生活 A-1-1　生命成長現象的認識。 生活 A-1-2　事物變化的觀察。 生活 B-1-1　自然環境之美的感受。 生活 B-1-2　社會環境之美的體認。 社會 Ab-II-1　居民的生活方式與空間利用，和其居住地方的自然、人文環境相互影響。 社會 Ab-III-1　臺灣的地理位置、自然環境，與歷史文化的發展有關聯性。				

學習重點	實質內涵	• 環境教育【環境倫理】 環 E1 參與戶外學 習與自然體驗，覺知自然 環境的美、平衡、與完整性。 環 E2 覺知生物生命的美與價值，關懷動、植物的生命。 環 E3 了解人與自然和諧共生，進而保護重要棲地。		
	所融入食農教育之概念面項與學習內涵	三面	■農業生產與環境	■飲食健康與消費	■飲食生活與文化
		六項	■農業生產與安全	□飲食與健康	■飲食文化
			■農業與環境	■飲食消費與生活型態	■飲食習慣
		茶葉相關面向	□產	■製	□銷
			■藝		
		學習內涵	食 E1. 瞭解家鄉農業發展的歷史，認識家鄉的自然環境特色（土壤、水源、天氣等自然條件）與在地農業生產的關聯。 食 E2. 認識農產品生長過程及農業生產方法的演變，透過農業相關體驗活動，體會農業工作的樂趣與價值。 食 E9. 辨別食物與食品的差異，選購在地、當季與安全的食材，製作簡易餐點。 食 E13. 瞭解食物來源及餐食製備過程中的辛勞，養成惜食與感恩的情懷。		
與其他領域／科目的連結		核心素養 【A2系統思考與解決問題】 　綜合 E-A2 探索學習方法，培養思考能力與自律負責的態度，並透過體驗與實踐解決日常生活問題。 【C2人際關係與隊合作】 　綜合 E-C2 理解他人感受，樂於與人互動，學習尊重他人，增進人際關係，與團隊成員合作達成團體目標。 學習表現 　綜合 1a-II-1 展現自己能力、興趣與長處，並表達自己的想法和感受。 學習內容 　綜合 Aa-II-1 自己能做的事。 　綜合 Aa-II-2 自己感興趣的人、事、物。 　綜合 Aa-II-3 自我探索的想法與感受。		
學生學習條件分析		池上與廣原國小鄰近，因此學生常會到池上買些生活用品，然而並未聽見孩子喜歡喝茶葉。藉此課程設計，其目的是希望能讓學生認識池上的好茶葉，關心周遭的人事物，培養愛鄉、愛物、愛人的情懷。學校的孩子以布農族居多，飲茶文化對於他們來說並不是普遍的飲食文化，甚至認為只有老人家才會喝茶。因此，希望讓學生關心我們生活周遭的人、事、物，了解在地的茶葉產業的發展，進而了解茶葉茶的製作過程，如何生產與推銷，讓其成為市面上非常受歡迎的茶品。 更重要的是，課程能發揮食農教育的內涵，培養學生對環境的關懷，了解食物來源及製作過程中的辛勞，養成珍惜食物與感恩的心。課程中也設計了分享的時刻，讓學生實踐與他人共食的樂趣，增進與家人、朋友和諧相處的關係。		

教學前準備	教師準備：事先準備店家背景及相關資料。	學生準備： 訪問稿、筆記本 1. 清醒的頭腦 2. 愉快的心情 3. 學習與動手做的熱忱 4. 學生分組合作
教材／教具	相機、平板、攝影機、筆電、圖畫紙	

學習目標
1. 了解茶樹的成長過程，發展，以及製作成茶葉的過程。 2. 了解茶葉經過手工摘採、按製茶步驟，經炒菁、揉捻、烘焙等手工程序，使其茶香甘爽清新，形成可喝的茶葉。 3. 透過泡茶的過程，知道如何珍惜茶葉，品嘗茶的好味道。 4. 茶葉大變身，製作出其他的美味料理。 5. 支持在地產業，讓原有產業出現新的契機，帶動在地文化能得以傳承而永續發展。

教學活動設計		
教學活動內容及實施方式	時間	備註
【第一節課　發現好味道】 一、準備活動 1. 學生上網查詢資料，了解茶葉的前世今生。 2. 給孩子看看茶葉的真面目，聞一聞，摸一摸。 二、引起動機 　https://www.youtube.com/watch？v=Zh9DL3CpyTQ 　【來去產地】紅烏龍茶主要產區在台東鹿野 1. 學生說出曾看過茶樹經驗。 2. 學生從影片中，說出看到什麼製茶過程。 三、發展活動 1. 老師變魔術拿出淡淡的茶葉請大家品嘗。 2. 請同學說一說與平常喝到茶有什麼味道。 四、綜合活動 1. 請學生將今日心得記錄下來。 2. 各組可以互相分享與回饋。 —第一節課結束— 【第二節課實地走訪《 鹿野在地茶廠 》】 一、準備活動 　使用 goolgle 地圖查出目的地，並預測到達時間。	10' 20' 10'	口頭發表 參與討論 態度評量 討論發表 學習單評量

內容	時間	評量
二、引起動機 　　播放採茶歌，先讓孩子哼唱暖一下喉嚨，減少待會訪談時的緊張感。	10'	口頭發表
三、發展活動 1. 為何想要製作茶葉？ 2. 請問目前種的茶葉是什麼品種？如何挑選葉子來製作茶葉？ 3. 製作茶葉的過程是如何？	20'	參與討論 態度評量 討論發表
四、綜合活動 　　訪談結束，提醒學生要注意禮貌，記得要和主人說：「謝謝您！感謝您接受我們的訪問。」	10'	學習單評量

—第二節課結束—

【第三節課 體驗採茶與製茶之樂趣】

內容	時間	評量
一、準備活動 　　學生整理採茶的基本裝備：斗笠、包巾、手套、袖套，雨鞋。	10'	口頭報告
二、引起動機 　　如何挑選茶葉？學生互相討論。	20'	參與討論 態度評量
三、發展活動 　　學生仔細聆聽主人的步驟，試著將摘下來的茶葉，先進行萎凋、攪拌、揉捻、控制發酵、炒菁、團揉、烘焙的步驟，大概需要兩天時間，才能轉葉為茶。	10'	討論發表 行為觀察
四、綜合活動 　　全班一起說說製茶的步驟，並說說看有沒有類似的經驗。		學習單評量

—第三節課結束—

【第四節課 享受幸福美味好時光】

內容	時間	評量
一、準備活動 　　運用五感體驗，茶葉最後如何變身成香醇的茶品以及美味的甜點呢？	10'	口頭發表
二、引起動機 　　請學生想想看，桌面上一個個令人垂涎的美味點心，是如何完成的？想像一下，如果是你，你會怎麼做？		參與討論 態度評量
三、發展活動 1. 品嚐紅烏龍茶，說出它的味道如何？試著用完整的句子說出來。學生品嘗茶葉，說著：味道非常的甘甜，主人強調紅烏龍茶非常甘甜，生態良好。 2. 品嚐的點心有哪些？是採用哪些食材？ 　　紅烏龍茶蛋糕，搭配洛神、香蕉等在地食材，讓味道非常有層次感。米漿種麵包、茶葉核桃酥、豆渣餅乾、水果蒟蒻，多樣的點心，看出主人的精心設計，每一個糕點似乎都充滿主人的故事，吃在口裡，甜在心裡。	20'	討論發表 學習單評量

四、綜合活動 　　請小朋友畫出最喜歡的點心，並說出品嚐後的心情為何？		
【第五節課 寫下希望與感動的話語】		
一、準備活動 　　整理訪談的資料及影片。	10'	口頭發表
二、引起動機 　　請學生說說看，從訪談主人中，你覺得最令你感動的是什麼話？	20'	參與討論
		態度評量
三、發展活動 　　先將同學分兩組，各組能說出自己的觀點及心得感想。	10'	討論發表
四、綜合活動 　　最後將自己的心得及聽到別人的感想，寫下令你印象深刻的話語。		學習單評量
─第五節課結束─		
【第六節課 一日解說員】		
一、準備活動 　　學生整理學習單及作品，並將內容加以彙整。 　　也準備有獎徵答的題目，與全校學生互動。		
二、引起動機 1. 請學生說明舉辦一日解說員活動的目的。 2. 老師統整歸納，並給予鼓勵。		口頭發表
三、發展活動 1. 解說茶葉的採收及製作過程。 2. 分享主人的經營理念及行銷概念。 3. 進行提問：針對主人所說的問題是有還有別的疑問？ 　　例如：推廣與行銷的過程中，是否出現了難題？最後是如何解決的？ 4. 搶答時間：學生依據解說員分享的內容來解答，給予答同學小禮物，以示 　　鼓勵。	10' 20'	參與討論 態度評量 討論發表 學習單評量
四、綜合活動 1. 與全校一起分享自己的作品。 2. 分享自己的心得，並邀請其他的學生參與分享。 3. 給予發表者回饋並給予鼓勵，致贈小禮物，並誠摯邀請下次若有機會也能 　　夠參與活動。	10'	
─第六節課結束─		
參考資料：（若有請列出） 　　https://www.tbrs.gov.tw/ws.php?id=4802 　　https://www.youtube.com/watch?v=Zh9DL3CpyTQ		

附錄：
【附錄 1】發現好味道
【附錄 1】發現好味道
【附錄 2】實地走訪
【附錄 3】體驗採茶與製茶之樂
【附錄 4】享受幸福美味好時光
【附錄 5】寫下希望的話語
【附錄 6】1 日解說員

【附錄 1】

發現好味道

把茶葉畫下來：

我的心得是：

【附錄2】

實地走訪

小組討論

我們實地走訪的店家是：＿＿＿＿＿＿＿＿＿＿＿＿

地址是：＿＿＿＿＿＿＿＿＿＿＿＿＿＿＿＿＿

訪談記錄：

1. 為何想要製作茶葉？

2. 請問目前種的茶葉是什麼品種？如何挑選葉子來製作茶葉？

3. 製作茶葉的過程是如何？

＿＿＿＿＿＿＿＿＿

【附錄 3】

體驗採茶與製茶之樂

採茶的基本裝備：

製茶的步驟 ：萎凋、揉捻、炒菁、烘焙
也可以畫圖說明

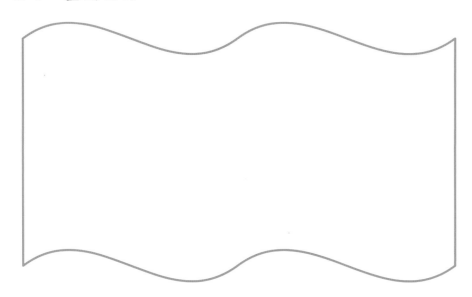

【附錄 4】

享受幸福美味好時光

請畫出最喜歡的點心

To＿＿＿＿＿＿＿：

請你分享吃完後的心情

請給它打個分數

【附錄 5】

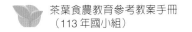
【附錄 5】

享受幸福美味好時光

請畫出最喜歡的點心

To＿＿＿＿＿＿＿＿ ：

請你分享吃完後的心情

請給它打個分數

【附錄6】

寫下希望的話語

將自己的心得及聽到別人的感想，寫下令你印象
深刻的話語。

【附錄 7】

一日解說員

解說員

分享者

請大家不吝留給同學簡單鼓勵或肯定的話語，讓每一位也能將來也能成為解說員唷！

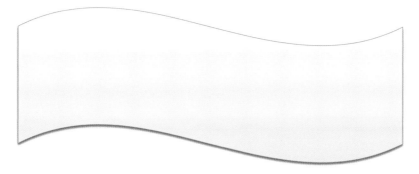

【附錄】茶葉食農教育參考教案手冊（113 年國小組　得獎名單）

編號	評選	學校	所有團隊成員	教案名稱
1	特選	南投縣溪南國小	王稜吟、陳韻茹	「溪」有茶香
2	精選	臺北市志清國小	臺北市志清國小陶玉 臺北市公館國小陶瑜	慕「茗」而來～台茶風 瘋台茶
3	精選	臺北市民生國小	黃宏輝、李靜怡、吳亭儀	臺灣茶文化探索：從歷史到永續
4	優選	臺東縣廣原國小	賴惠萍	希望、堅持、感動、簡單的幸福
5	優選	臺北市雙蓮國小	藍淑英	蜜香美人抹茶飄香
6	優選	桃園市瑞塘國小	林宛庭、林思言	藝起體驗 覺茶人生
7	優選	臺南市崑山國小	杜弘毅	一縷茶香 百年繚繞
8	優選	臺南市海東國小	臺南市海東國小陳啓昌 臺南市崇明國小洪方莉	臺灣茶葉
9	優選	臺東縣綠島國小	阮惠婷	「茶事」春秋
10	優選	桃園市高原國小	劉秀琴	客茶時間

國家圖書館出版品預行編目(CIP)資料

茶葉食農教育參考教案手冊. 113年國小組 /
農業部茶及飲料作物改良場編著. -- 初版.
-- 臺北市 ： 五南圖書出版股份有限公司,
2024.10
　面；　公分
ISBN 978-626-393-616-4(平裝)

1.CST: 茶葉 2.CST: 永續農業 3.CST: 教學方
案 4.CST: 中小學教育

523.35　　　　　　　　　　113011051

5N71

茶葉食農教育參考教案手冊
（113年國小組）

發 行 人 ─ 蘇宗振

主　　編 ─ 楊美珠、羅士凱、張瑞芬、潘韋成、郭芷君

編　　審 ─ 鍾翠芬、史瓊月、羅士凱

教案作者 ─ 王稜吟、吳亭儀、李靜怡、杜弘毅、阮惠婷、
　　　　　　林宛庭、林思言、洪方莉、陳啓昌、陳韻茹、
　　　　　　陶　玉、陶　瑜、黃宏輝、劉秀琴、賴惠萍、
　　　　　　藍淑英

發行單位 ─ 農業部茶及飲料作物改良場
　　　　　　地址：326 桃園市楊梅區埔心中興路 324 號
　　　　　　電話：(03)4822059
　　　　　　網址：https://www.tbrs.gov.tw

出版單位 ─ 五南圖書出版股份有限公司

美術編輯 ─ 何富珊、賴玉欣、劉好音
　　　　　　印刷：五南圖書出版股份有限公司
　　　　　　地址：106 臺北市大安區和平東路二段 339 號 4 樓
　　　　　　電話：(02) 2705-5066
　　　　　　傳真：(02) 2706-6100
　　　　　　網址：https://www.wunan.com.tw
　　　　　　電子郵件：wunan@wunan.com.tw
　　　　　　劃撥帳號：01068953
　　　　　　戶名：五南圖書出版股份有限公司

法律顧問　林勝安律師

出版日期　2024 年 10 月初版一刷

定　　價　新臺幣250元